SANFORD ALLES LEBEN IST INNERLICH

W0373331

VV

14.-

37531/4 22.-

JOHN A. SANFORD

Alles Leben ist innerlich

Meditationen über Worte Jesu

Walter-Verlag Olten und Freiburg im Breisgau

Der Titel der Originalausgabe lautet
«The Kingdom Within. A Study of the Inner
Meaning of Jesus' Sayings»,
erschienen bei J. B. Lippincott Company,
Philadelphia und New York
© Copyright 1970 by John A. Sanford
Die Übersetzung aus dem Amerikanischen besorgte
Klaus Thiele-Dohrmann

1974
Alle Rechte der deutschen Ausgabe vorbehalten
© Walter-Verlag AG Olten, 1973
Satz und Druck: Moritz Schauenburg KG, Lahr/Schwarzwald
Einbandarbeiten: Walter-Verlag, Buchbinderei Heitersheim
Printed in Germany

ISBN 3-530-72551-x

Inhalt

Verhaltensweisen stark zu beeinflussen, klinisch zu demonstrieren. C. G. Jung hat dargelegt, daß diese innere Realität ihrem Wesen nach archetypisch ist, das heißt, daß sie eine allen Menschen gemeinsame Struktur hat und daß sie nicht ausschließlich unter dem Gesichtspunkt irgendeiner individuellen Lebensgeschichte begriffen werden kann. Das Unbewußte ist nicht bloß der Bereich unserer Seele, in den wir das abgelegte Material unseres persönlichen Lebens werfen: Es ist auch der Ozean, aus dem unser Bewußtsein hervorgegangen ist und auf dem das Schiff unserer Seele seinen Kurs durch das Leben fährt. Eine Behandlung des inneren Gehaltes der Reden Jesu wäre unvollständig, wenn sie nicht die Realität des Unbewußten miteinbezöge, denn nur die Anerkennung der Realität unseres inneren Lebens kann uns wieder zu einer Art neutestamentlicher Sicht von Mensch und Welt verhelfen.

Allerdings dürfen die Reden Jesu auch nicht «psychologisiert» werden. Es wäre gefährlich, die Worte Jesu auf irgendein psychologisches System zu reduzieren und seine Gleichnisse einem bestimmten psychologischen Glaubensbekenntnis anzupassen. Selbst das beste psychologische System, die genaueste moderne Beschreibung der menschlichen Psyche, bleibt ein geschichtliches Phänomen. Alle Begriffe, alle Denksysteme und Darstellungsweisen sind historisch bedingt, der Veränderung unterworfen und entwickeln sich in dem Maße, wie die Erkenntnis des Menschen wächst. *Die Schönheit der Lehren Jesu besteht darin, daß sie nicht von irgendeinem Denksystem abhängen,* denn Jesus hat sich nicht in Fachjargon oder beschränkter Begrifflichkeit geäußert, sondern durch lebendige Bilder, Darstellungen und Gleichnisse. Auf diese Weise gelang es ihm, seine Botschaft aus der Geschichte zu lösen und sie zeitlos und auf alle Zeiten anwendbar zu machen.

Die Lehre Jesu besitzt die psychologische Originalität, weil Jesus eine originale Persönlichkeit war. Die geschichtliche Echtheit der Evangelien ist unter Gelehrten immer umstritten gewesen, aber psychologisch betrachtet kann man sagen, daß die Evangelien uns das Bild eines Mannes zeigen, der auf einzigartige Weise vollkommen ist und den man nicht hätte erfinden können. Aus den Seiten der Evangelien taucht das Bildnis eines Mannes auf, der seiner äußeren und inneren Orientierung nach (Extraversion und Introversion) auffallend ausgeglichen war, der im Bereich des Denkens wie in dem des Gefühls, der Empfindung wie der Intuition gleichermaßen gut ausgestattet war und der sowohl männliche als auch weibliche Werte und Eigenschaften verkörperte. Jesus war der erste Mensch, der einer psychologischen Ganzheit nahekam. Leider kennen wir nicht die Vorgänge in seinem Leben, durch die er psychisch bewußt wurde und eine Beziehung zu seinem Unbewußten entwickelte. Bis zum Zeitpunkt seiner Taufe erfahren wir nur die Geschichte seiner Geburt, seiner Darstellung im Tempel (Lk 2, 22–28) und seines Passah-Besuchs in Jerusalem, als er zwölf Jahre alt war. Diese Berichte sind zu spärlich, als daß man darauf eine Theorie bauen könnte, wie sich die Persönlichkeit des historischen Jesus entwickelt hat. Dennoch ist offenkundig, daß sich bei ihm eine psychologische Entwicklung vollzog, die in der antiken Geschichte ohne Beispiel ist.

Diese Tatsache ist meiner Meinung nach von Bibelgelehrten oft außer acht gelassen worden, wenn sie versuchten, die Lehren Jesu aus essenischen, jüdischen oder anderen Denkströmungen seiner Zeit abzuleiten. Natürlich sind die Lehren Jesu in einem historischen Zusammenhang zu sehen, aber sie sind nicht historisch bedingt. Jesus bezog seine Einsichten nicht aus Traditionen der Zeit, sondern entnahm sie, als Inspirationen, der Quelle des Lebens selbst. Gott war, auf dem Weg über das Unbewußte, sein großer Lehrer, und deshalb entdecken wir in seiner Botschaft eine originale Qualität, durch welche die Botschaft heute psychologisch genauso lebendig und bedeutungsvoll ist wie in den Anfängen des Christentums.

In dieser Studie der Reden Jesu will ich versuchen, die ursprüngliche Qualität seiner Lehren zu bewahren. Es soll nur ein Minimum an psychologischer Fachsprache verwendet werden, denn dieses Buch will den Leser zu eigenen Einsichten in das Wesen der Lehre Jesu anleiten, nicht aber Jesus in irgendein psychologisches Schema pressen.

Allerdings liegt dieser Arbeit zwangsläufig eine bestimmte Persönlichkeitstheorie zu Grunde. Diese besteht, kurz gesagt, in folgendem: Das *Ego* – oder Ich – ist das Zentrum des menschlichen Bewußtseins, doch hat der Mensch außerdem noch ein sehr ausgedehntes unbewußtes Leben, das wir als «die innere Welt» bezeichnen können. Dies ist die Mitte seines Wesens, die sein ganzes Selbst einschließt; sein Ego dagegen ist nur das Zentrum seines Bewußtseins. Das *Selbst* ist in jedem von uns als Möglichkeit angelegt und will im Laufe des Lebens verwirklicht werden. Unsere Träume drücken den Drang aus, den ganzen Menschen in uns zu realisieren und geben uns Einblicke in diese innere Welt, die wir normalerweise nicht wahrnehmen. Damit aber die gesamte Persönlichkeit verwirklicht werden kann, muß das Ich in eine schöpferische Beziehung zum inneren Leben treten und sich ständig erweitern, um dem ganzen

Bereich der Persönlichkeit immer stärkeren Ausdruck zu geben.

Daß zur Illustration der Bedeutung von Jesu Reden Träume verwendet werden, bedarf eines klärendes Wortes für den Leser, der mit der symbolischen Sprache des Unbewußten nicht vertraut ist. Träume repräsentieren, wie Daniel zu Nebukadnezzar sagte, das «Denken» unserer Seele. Während unser Bewußtsein in Begriffen denkt, drückt sich das Unbewußte in der symbolischen Sprache von Träumen aus. Träume ähneln oftmals Trickzeichnungen oder auch Gleichnissen, oder sie sind dramatische Darstellungen innerer Konflikte oder Wünsche. Immer aber drückt der Traum seine Bedeutung durch ein Bild aus, und diese Bilder haben oft eine archetypische, zeitlose Qualität.

Um einen Traum zu verstehen, sagt man sich am besten zunächst einmal: «Es ist so, als ob ...» und geht dann zum Traumbild über, ebenso wie Jesus seine Gleichnisse häufig mit: «Das Reich der Himmel gleicht, ist ähnlich ...» einleitet und danach zum Bild des Gleichnisses übergeht. Träume entnehmen, wie die Gleichnisse, ihre Bilder dem Speicherraum der menschlichen Seele. Träume sind, wie auch die Lehre Jesu, keine begrifflichen Aussagen, sondern Bilder, in denen wir unser eigenes Selbst gespiegelt sehen können. Aus diesem Grunde entsprechen die Gleichnisse und Reden Jesu der menschlichen Situation heute genauso wie zur damaligen Zeit.

In meinem früheren Buch *Gottes vergessene Sprache* stellte ich die moderne Traumtheorie in einer Übersicht dar und wies auf ihre Bedeutung für den christlichen Standort hin. Ich will hier nicht versuchen, das damalige Buch noch einmal zu schreiben. Wenn ich Traummaterial verwende, um die Botschaft Jesu zu veranschaulichen, so braucht der Leser, dem die Sprache der Träume nicht vertraut ist, diese auch nicht im einzelnen zu verstehen, um ihren Inhalt begreifen zu können. Wer seine Träume nicht im Gedächtnis behält oder sich nur ab und zu an Traumfetzen erinnert, sieht möglicherweise nicht sofort ein, wie sich das Traummaterial auf seine eigene Lage anwenden läßt; er sollte aber darin kein ernsthaftes Hindernis sehen, den Sinn dieses Buches zu erkennen. Andere Menschen, denen die Sprache der Träume vielleicht geläufig ist und die ihre Träume regelmäßig aufgeschrieben haben, werden feststellen, daß manches von dem zitierten Traummaterial ihrem eigenen ähnelt. Ich hoffe, daß meine Verwendung dieses Materials ihnen helfen wird, die Beziehung zwischen ihren eigenen seelischen Vorgängen und der Botschaft Jesu vom Reich Gottes wahrzunehmen. Niemand sollte jedoch meinen, daß die in diesem Buch beschriebenen Träume bloß von gestörten Menschen stammen, oder daß die Botschaft Jesu nur eine Botschaft für geistig Verwirrte sei. Die Personen, auf deren Traummaterial ich mich beziehe – und zwar immer mit ihrer Erlaubnis und ohne Namensnennung –, sind nicht stärker «gestört» als irgendeine andere Bevölkerungsgruppe; in vielen Fällen handelt es sich um Menschen von ungewöhnlicher Intelligenz und Einsichtfähigkeit. Viel Material in diesem Buch wird für Psychotherapeuten von Interesse sein. Doch wendet sich das Buch in erster Linie, wie die Botschaft Jesu selbst, an jeden Menschen, der nach Ganzheit strebt und den Sinn seines Lebens sucht.

Der alte Brunnen vor unserem Haus in New Hampshire trocknete aus, weil niemand mehr einen Eimer in die Tiefe hinunterließ und das klare Wasser ans Tageslicht heraufzog. Zum Glück ist das Wasser Gottes in unendlichem Maße vorhanden, und unsere Seelen brauchen nicht auszutrocknen. Wir müssen nur aus unserer eigenen Tiefe die lebendige Substanz heraufholen, mit der Gott uns zu erfüllen vermag. Dieses Buch ruft uns auf, unsere Seele abzudecken, in unsere Tiefe zu spähen und mit der Lehre Jesu wie mit einem Seil die zeitlosen, erneuernden, heilenden Wasser Gottes heraufzuziehen.

ERSTES KAPITEL

Der Schatz des Himmelreichs

Im 13. Kapitel des Matthäus-Evangeliums finden sich zwei kurze Gleichnisse, die auf den paradoxen Kern im Geheimnis des Himmelreichs, das heißt des Reiches Gottes*, hinweisen. Ein Blick auf ihren inneren Gehalt wird die Tür zu dieser geheimnisvollen Wirklichkeit öffnen, die in der Lehre Jesu einen zentralen Platz einnimmt.

«Das Reich der Himmel gleicht einem im Acker verborgenen Schatz, den ein Mensch fand und wieder verbarg. Und in seiner Freude geht er hin und verkauft alles, was er hat, und kauft jenen Acker» (Mt 13, 44).

Aus Gründen, auf die wir gleich näher eingehen werden, spricht Jesus vom Himmelreich immer in Bildern oder Gleichnissen. In diesem Fall handelt es sich um das Bild eines Schatzes, der in einem Acker verborgen liegt. Das Reich Gottes ist also etwas sehr Wertvolles, das der Mensch, wie in diesem Gleichnis, finden kann. Wenn jemand einmal diesen Schatz entdeckt hat, erkennt er darin einen solchen Wert, daß er seinen gesamten Besitz weggibt, um diesen Schatz zu erwerben.

* Die beiden Begriffe werden hier in gleicher Weise verwendet; Himmelreich gibt eher die bildhafte Sprache der Bibel wieder; da das Bild aber sehr abgegriffen ist, wird häufiger Reich Gottes, Gottesreich gebraucht.

In jedem von uns gibt es eine innere Wirklichkeit, die wie ein großer Schatz ist, der im Acker unserer Seele verborgen liegt und darauf wartet, entdeckt zu werden. Wenn jemand diesen inneren Schatz findet und seinen Wert erkennt, gibt er freudig alle anderen Ziele und Wünsche auf, um den Schatz in seinem Leben wirksam werden zu lassen.

Nun wollen wir daraufhin das zweite Gleichnis betrachten. «Wiederum ist das Reich der Himmel ähnlich einem Kaufmann, der schöne Perlen suchte. Als er aber *eine* kostbare Perle gefunden hatte, ging er hin, verkaufte alles, was er hatte, und kaufte sie» (Mt 13, 45–46).

Auf den ersten Blick scheint es, als sei dieses Gleichnis nur eine Wiederholung des Gleichnisses vom Schatz. Aber wie Fritz Künkel dargelegt hat, ist im ersten Gleichnis das Himmelreich ein Schatz, den *wir* suchen und finden; im zweiten Gleichnis wird das Himmelreich mit einem Kaufmann verglichen, der nach kostbaren Dingen sucht. In dem Fall sind *wir* die Perlen, die vom Himmelreich entdeckt werden.

Das Paradox besteht also darin, daß das Gottesreich sowohl das ist, was wir als verborgenen Schatz in uns selbst finden, als auch das, was nach uns sucht; und sind wir erst einmal entdeckt, dann stellen wir in den Augen Gottes etwas höchst Wertvolles dar. *Wir* sind die kostbaren Perlen, wenn das Himmelreich in uns einen Platz erhält, und solchen Menschen gibt Gott in seiner Schöpfung den höchsten Rang.

Sehr oft haben in der Geschichte des Christentums Theologen und Lehrer darauf beharrt, daß der Mensch unwürdig sei, daß er zur Sünde neige und gegenüber dem allgütigen Gott keinen Wert habe; sie haben sogar die Verantwortung für das Böse dem Menschen zur Last gelegt. Nichts von alledem findet sich in den Lehren Jesu. Natürlich wird Jesus häufig von Menschen enttäuscht, aber nur deswegen, weil der Mensch, als Erbe des Reiches Gottes, potentiell von höchstem Wert ist. Er beherbergt das Himmelreich in seiner eigenen Seele. Gott macht den Menschen ausfindig, der das Himmelreich in sich selber erkennt, und er gibt einem solchen Menschen den höchsten Wert.

Selbst bei flüchtiger Lektüre der Evangelien ist die Bedeutung des Himmelsreichs, des Reiches Gottes, offenkundig. Es ist der Zentralbegriff der Lehre Jesu und kommt im Markus-Evangelium dreizehnmal, bei Lukas achtundzwanzigmal und bei Matthäus achtunddreißigmal vor. Im Johannes-Evangelium liest man es nur einmal, aber dafür verwendet Johannes den Ausdruck «ewiges Leben» in ganz ähnlichem Sinne. Fünfzehn Gleichnisse Jesu beziehen sich direkt auf das Reich Gottes, und bei Matthäus beginnen allein zwölf Gleichnisse mit der Formulierung: «Das Reich der Himmel gleicht ...» Wenn wir verstehen, was Jesus mit dem Reich Gottes gemeint hat, besitzen wir offensichtlich den Schlüssel zu seiner Lehre, weil alles, was er gesagt hat, sich direkt oder indirekt darauf bezieht.

Die zentrale Bedeutung des Gottesreiches ist von Gelehrten und Theologen nicht unbemerkt geblieben, und dicke Bücher sind schon darüber geschrieben worden. Fast alle diese Bemühungen kranken an zwei großen Nachteilen: dem entschiedenen Versuch, Jesu Vorstellungen vom Reich Gottes mit Ideen zu verknüpfen, die schon vor seiner Zeit im Schwange waren; und dem materialistischen Standpunkt der verschiedenen Gelehrten, der sie blind machte gegenüber dem Himmelreich als einer inneren, geistig-seelischen Wirklichkeit. Nur wenn wir die Einzigartigkeit des

Bewußtseins Jesu und die bedeutsame Realität der inneren Welt des Menschen erkennen, können wir die Bedeutung des Himmelreichs in der Lehre Jesu und in unserem Leben ermessen.

Im frühen Christentum findet man allerdings kein derart begrenztes Denken. Die Kirchenväter wußten, daß der Mensch sowohl die äußere, physische Wirklichkeit erlebte, die er durch die Sinne wahrnahm, als auch die innere, geistige Realität, die er direkt, intuitiv, seelisch und in persönlichen Erfahrungen wie etwa Träumen und Visionen kennenlernte. Das Gottesreich kam nicht von außerhalb auf den Menschen zu, sondern es war eine Realität in ihm selbst, der eigentliche Grund seiner individuellen Existenz, etwas tatsächlich Erfahrbares.

Das Reich Gottes als geistig-seelische Wirklichkeit im Menschen muß insofern als psychologische Realität bezeichnet werden, als der einzelne es in der Entwicklung und Entfaltung seiner Persönlichkeit erfahren kann. Wenn wir das Himmelreich in uns selber finden und es verwirklichen, erleben wir ein wachsendes Streben zur Ganzheit, einen zunehmenden Sinn für die Bedeutung unseres individuellen Wesens, neue, schöpferische Energien und eine Erweiterung des Bewußtseins. Dies führt uns über unsere Einzelexistenz hinaus zur Erfahrung einer transzendenten Lebensquelle und zu schöpferischem Leben im sozialen Bereich. Das Gottesreich schließt die Verwirklichung unseres Wesens gemäß dem inneren Plan ein, der von Gott in uns angelegt ist, also die Entfaltung eines Selbst, welches das Ich übersteigt. Unter diesem Aspekt werden wir nun einige der Dinge, die Jesus über das Reich Gottes gesagt hat, näher betrachten.

Wenn Jesus über das Reich Gottes spricht, dann tut er das immer, wie wir bereits festgestellt haben, bildlich oder gleichnishaft. Er sagt nie: «Das Himmelreich *ist* das und das», sondern immer: «Das Himmelreich gleicht dem und dem.» Diese Bilder werden vorwiegend in Form von Gleichnissen ausgedrückt. Der häufige Gebrauch entging auch der Aufmerksamkeit der Jünger nicht, die Jesus einmal fragten: «Warum redest du in Gleichnissen zu ihnen?» Jesus antwortete:
«Weil es *euch* gegeben ist, die Geheimnisse des Reiches der Himmel zu erkennen, jenen aber ist es nicht gegeben» (Mt 13, 11; Lk 8, 10; Mk 4, 11).
Nun verwendet Jesus nicht willkürlich geheimnisvolle Bilder, anstatt sich einfach und klar auszudrücken. Vielmehr haben die Jünger durch ihren engen Kontakt zu Jesus und ihr dadurch erweitertes Bewußtsein schon eine Ahnung von jener Wirklichkeit, die Jesus das «Reich der Himmel» nennt. Das Volk aber weiß davon noch nichts. Die Augen der Menge müssen für diese Wirklichkeit erst geöffnet werden. Ein solches «Öffnen der Augen», eine «Offenbarung», kann nie direkt, nicht durch noch so viele Worte geschehen. Die innere Wirklichkeit erkennen wir nur durch ein Aha-Erlebnis, eine plötzliche Einsicht in unser eigenes Wesen. Innere Wirklichkeit läßt sich nicht direkt beschreiben; wir können nur hoffen, den Menschen eine Ahnung davon zu vermitteln. Jesus weiß das, und seine Gleichnisse dienen dazu, den Menschen einen Einblick in das Himmelreich zu gewähren. Deshalb führt er ihnen ein Bild vor Augen, und wenn sie die innere Bedeutung dieses Bildes erkennen, werden sie allmählich auch die Realität des Himmelreichs erkennen.
Deshalb nennt Jesus das Himmelreich ein «Geheimnis».

Das griechische Wort dafür ist «mysterion». Ein «mysterion» war etwas, das man kennen sollte, aber nur Eingeweihte kannten es: Die Kenntnis ließ sich nur durch eigene, individuelle Einsicht und Erfahrung gewinnen, sie konnte nicht durch eine gewöhnliche Belehrung vermittelt werden.

Unsere Träume kommen dieser Wirklichkeit, die Jesus als Himmelreich bezeichnet hat, sehr nahe. Wie die Gleichnisse, so sprechen auch die Träume in Bildern, und man versteht sie nur durch plötzliche Einsicht, durch ein Aha-Erlebnis, das uns die Augen öffnet für eine Facette unseres Wesens, die wir vorher nicht wahrgenommen hatten.

Eins der wichtigsten Bilder, die Jesus zur Beschreibung des Gottesreichs verwendet hat, ist das *Bild des Wachsens.* Dieses Bild kommt häufig vor (z. B. Mt 13, 4–9, 24–30; 7, 15–20). Die bekanntesten Beispiele finden sich in den beiden folgenden Gleichnissen:

«Das Reich der Himmel gleicht einem Senfkorn, das ein Mensch nahm und auf seinen Acker säte. Dieses ist zwar kleiner als alle Samenarten; wenn es aber herangewachsen ist, so ist es größer als die Gartengewächse und wird ein Baum, so daß die Vögel des Himmels kommen und in seinen Zweigen nisten» (Mt 13, 31–32; Mk 4, 30–32; Lk 13, 18–19).

«Das Reich der Himmel gleicht einem Sauerteig, den eine Frau nahm und unter drei Scheffel Mehl mengte, bis es ganz durchsäuert war» (Mt 13, 33; Lk 13, 20–21).

Beim Gleichnis vom Senfkorn handelt es sich um das Bild von etwas, das als kleine, anscheinend unbedeutende Sache anfängt, das aber durch einen Wachstumsprozeß große Kraft und hohen Wuchs erreicht. Das Himmelreich beginnt also im Leben des Menschen als etwas Kleines, scheinbar

Unbedeutendes, aber durch einen Prozeß des Wachsens wird es zu einer mächtigen Kraft. Das Bild des Baumes eignet sich hierfür sehr gut, denn genau wie ein Baum in der Erde wurzelt, sich aber zum Himmel emporstreckt, schließt die Entfaltung unserer Persönlichkeit sowohl unser irdisches als auch unser geistig-seelisches Wesen ein.
Bei dem anderen Gleichnis geht es um den Sauerteig, nämlich um das, was einen Laib Brot aufgehen läßt. Sauerteig ist an sich scheinbar unbedeutend, doch ohne ihn bleibt das Brot flach und unfertig. Ebenso ist das Himmelreich die Wirklichkeit im Leben eines Menschen, die bewirkt, daß seine ganze Persönlichkeit wie auch seine äußeren Lebensumstände zur Vollkommenheit gelangen können.
Wer mit der Tätigkeit des Unbewußten vertraut ist, stellt fest, daß im Individuum ein Prozeß im Gange ist, durch den ständig die Ganzheit und Vollkommenheit eines Menschen angestrebt wird. Dieses innere Wachstumspotential wird von den meisten Menschen als gering, unbedeutend und wertlos angesehen; nur die äußeren Umstände hält man für wichtig. Doch erst wenn wir diese innere Wachstumskraft erkennen, wird unser Leben reich und kann sich erfüllen. Angesichts dieser Tatsache ist es nicht verwunderlich, daß unsere Träume dieses innere Wachstum oftmals durch das Bild eines hohen Baumes darstellen oder daß sie die Bedeutung eines Kindes besonders hervorheben, das ebenfalls häufig unser Wachstumspotential repräsentiert. Eine konventionelle, eng begrenzte Wissenschaftshaltung gegenüber dem Menschen ist nicht imstande, das Wachstumspotential des Individuums in ihre Betrachtung mit einzubeziehen, denn sie sieht nur das äußere Verhalten des Menschen und ist blind gegenüber der möglichen Entfaltung des Selbst. Eine religiös orientierte Psychologie

vermag zu erkennen, daß der Mensch nicht wahrhaft er selbst ist, bevor sein Leben sich nicht vollendet hat, und daß diese Vollendung ein Wachstum einschließt, das wie ein Senfkorn als etwas sehr Kleines beginnt, aber groß wird und wie Sauerteig allmählich das ganze Leben durchdringt.

Weil das Gottesreich mit dem inneren Wachstum des Individuums verknüpft ist, bedeutet es eine Jetzt-und-Hier-Erfahrung. Während jüdische Apokalyptiker vor der Zeit Jesu das Himmelreich in die Zukunft projizierten und es als großes, von außen kommendes Ereignis betrachteten, wußte Jesus, daß das Himmelreich *im* Menschen beginnt und *jetzt* seinen Anfang nimmt. Gleichzeitig liegt es aber auch in der Zukunft, denn es ist zwar schon als Möglichkeit vorhanden, die das Leben beeinflußt, aber es ist noch nicht vollständig verwirklicht. Deshalb kann Jesus sagen: «Das Reich der Himmel ist genaht» (Mt 4, 17, 10, 7 usw.).

Und im Johannes-Evangelium sagt Jesus zu Nikodemus: «Wenn jemand nicht von neuem geboren wird, kann er das Reich Gottes nicht sehen» (Joh 3, 3).

Dies bedeutet zweifellos, daß das Gottesreich eine gegenwärtige Realität ist, in die das Individuum eingehen wird, wenn es eine derart radikale Veränderung seines Wesens erreicht, daß man von einer Art Wiedergeburt sprechen kann.

Eine aufschlußreiche Betonung erfährt das Jetzt und Hier des Gottesreiches auch im Vaterunser. Jesus lehrt uns beten: «Dein Reich komme», womit er die Notwendigkeit unterstreicht, die Verwirklichung des Gottesreiches anzustreben. Doch er fügt hinzu, daß wir auch beten sollen: «Unser tägliches Brot gib uns heute.» Das Wort, das mit «täglich» übersetzt wird, ist im Griechischen ungewöhnlich. Tatsächlich ist das Vaterunser die einzige Stelle in der Bibel, wo dieses Wort vorkommt, sonst wird eine andere Vokabel für «täglich» benutzt. Durch die Schriftrollen vom Toten Meer hat sich kürzlich erwiesen, daß das mit «täglich» übersetzte Wort auf ein spezielles Mahl bezogen wurde, an dem die Gläubigen zu religiösen Zwecken teilnahmen. Die frühen Kirchenväter verwendeten dieses Wort in bezug auf das Abendmahl. Das «tägliche Brot» ist demnach kein gewöhnliches Brot, sondern lebendige geistige Nahrung, die wir hier und jetzt in uns aufnehmen, um vorbereitet zu sein auf die kommende Wirklichkeit des Gottesreiches.

Jesus konnte das Nahen des Reiches predigen, weil die geistige und psychologische Entwicklung des Menschen an einem Punkt angelangt war, wo neue Möglichkeiten entfaltet werden konnten. Zum erstenmal war der Mensch in der Lage, eine innere Beziehung zu Gott herzustellen. Während die Religion der Priester und Propheten in früheren Zeiten hauptsächlich das Verhältnis Gottes zu seinem Volk betraf, eröffnet der Glaube, den Jesus uns gibt, jedem Menschen die Möglichkeit, eine persönliche Beziehung zu Gott herzustellen. Auf diese Weise hat das Individuum unmittelbar Anteil am Gottesreich, für das es nun bereit ist. Der heutige Mensch gelangt in das Gottesreich, indem er in die eigene Ganzheit und schöpferische Kraft hineinwächst.

Aus all diesem geht klar hervor, daß das Gottesreich *eine sehr persönliche Realität* ist. Gott hat es für jeden einzelnen Menschen bereitet; man kann in diesem Leben hineingelangen und wird dabei feststellen, daß das Himmelreich in einem selbst ist. In zwei umstrittenen Textstellen sagt Jesus: «Das Reich Gottes ist in eurer Mitte» (Lk 17, 21) und

«Ihr nun sollt vollkommen sein, wie euer himmlischer Vater vollkommen ist» (Mt 5, 48).

Die Lukas-Textstelle bezieht sich wohl eindeutig auf das Himmelreich als innere Wirklichkeit, abgesehen von der Unklarheit hinsichtlich der griechischen Präposition, die als «in» übersetzt werden kann. Die betreffende Präposition kann auch «inmitten» bedeuten, und die meisten modernen Bibelübersetzer ziehen diese Bedeutung der traditionellen «in, innerhalb» vor. Die Entscheidung für diese Übersetzung verrät die extravertierte Einstellung unserer Zeit, der es schwerfällt, sich vorzustellen, daß etwas Bedeutsames *in* uns selbst sein könnte. In der früheren Kirche jedoch wurde diese Präposition stets mit «in, innerhalb» wiedergegeben. Die Theologen, die der Zeit Jesu näher waren, standen auch seinem Geist näher und wußten etwas von der Wirklichkeit der inneren Welt.

In dem anderen Ausspruch liegt die Schwierigkeit bei dem Wort «vollkommen». Dies ruft bei den meisten modernen Menschen die Vorstellung völliger Fehlerlosigkeit hervor; ein vollkommener Mensch wäre demnach ein Mensch ohne die geringste Sündhaftigkeit in Gedanken, Worten oder Handlungen. Das griechische Wort bedeutet aber «zu Ende gebracht», «vollendet» oder «zur Erfüllung gebracht». Wenn wir das Wort so verstehen, erkennen wir, daß Jesus uns zu jenem Endzustand, zu jener Erfüllung drängt, für die wir geschaffen worden sind und die erreicht wird durch die Entfaltung des inneren Selbst. Dies wirft auch Licht auf das alte Problem: «Wie kann Gott, der transzendente Schöpfer des Universums, personale Wirklichkeit auch für das Individuum sein?» Die Antwort lautet, daß er für uns so persönlich ist wie unser eigener innerer Schöpfungsprozeß.

Wenn auch das Gottesreich für den einzelnen etwas ganz Persönliches ist, so steht es doch potentiell *allen Menschen offen.* Das Gottesreich kennt keine Schranken der Rasse, des Glaubensbekenntnisses, des Geschlechts oder des sozialen Status. Während die Evangelien andeuten, daß Jesus selbst möglicherweise durch schwere persönliche Prüfungen hindurchgegangen ist, bevor er zu dieser Erkenntnis kam (vgl. Mt 15, 21–28, die Geschichte von der kanaanäischen Frau), sagt Jesus dennoch unzweideutig:

«Viele werden von Morgen und Abend kommen und sich mit Abraham und Isaak und Jakob im Reich der Himmel an einen Tisch setzen» (Mt 8, 11; Lk 13, 29).

Und im Gleichnis vom Hochzeitsfest, das für das Reich Gottes steht, befiehlt der König seinen Dienern:

«Gehet an die Kreuzungen der Straßen und ladet zur Hochzeit ein, so viele ihr findet» (Mt 22, 9; Lk 14, 23).

Wer Gelegenheit hatte, die Universalität der menschlichen Innenwelt kennenzulernen, wird mühelos verstehen, warum das Gottesreich allen Menschen zugänglich ist. Ebenso wie die Form des menschlichen Körpers universell ist, gleichen sich die Menschen auch innerlich. In allen Menschen finden sich die gleichen typischen (archetypischen) Strukturen und drücken sich durch ihre innere Bildwelt aus. Der griechische Philosoph Plato hätte dies der Tatsache zugeschrieben, daß alle Menschen Ebenbilder des universalen Menschen seien, der Idee des Menschen im Geiste Gottes. Im Alten Testament wird der Mensch nach dem Bilde Gottes erschaffen. In der christlichen Sprache bedeutet das die Universalität Christi in allen Menschen. Für Jesus ist es der Ruf des Himmelreichs an jeden Menschen. Für den Psychologen ist es die archetypische Struktur des menschlichen Geistes und die Universalität des Dranges zur Ganzheit.

Paradox ist, daß diese Universalität des Gottesreichs die

Einzigartigkeit des Individuums durchaus nicht aufhebt. Das Gottesreich findet in jedem Menschen einzigartigen Ausdruck, denn es ist die Schöpferkraft des Lebens, die sich in einem Individuum ausdrückt, und diese Schöpferkraft verlangt nach Einzigartigkeit. Der Einzigartigkeit liegt jedoch der universelle Anspruch zu Grunde.

Dies führt uns zu dem ganz und gar *sittlichen Leben*, das für den Eintritt ins Gottesreich erforderlich ist. Nur ein Mensch mit einem ausgeprägten moralischen Bewußtsein – das heißt jemand, der sein Leben aufgrund eines Wertsystems führt, das er gemäß seiner Selbsterkenntnis aufgestellt hat – kann in das Reich Gottes eingehen.

«Denn ich sage euch: Wenn eure Gerechtigkeit nicht besser ist als die der Schriftgelehrten und Pharisäer, werdet ihr nicht in das Reich der Himmel kommen» (Mt 5, 20).

Die Moral der Pharisäer und Schriftgelehrten besteht darin, Regeln und Vorschriften zu befolgen, die die Handlungen eines Menschen in jeder erdenklichen Lebenslage zu lenken beabsichtigen. Wenn Jesus die Menschen, die in das Gottesreich eingehen wollen, dazu aufruft, die Pharisäer und Schriftgelehrten an Moral zu übertreffen, dann will er damit diese Gesetzessammlung nicht umstürzen, sondern über sie hinausgehen.

«Meinet nicht, daß ich gekommen sei, das Gesetz oder die Propheten aufzulösen. Ich bin nicht gekommen, aufzulösen, sondern zu erfüllen. Denn wahrlich, ich sage euch: Bis der Himmel und die Erde vergehen, wird nicht ein einziges Jota oder Strichlein vom Gesetz vergehen, bis alles geschehen ist» (Mt 5, 17–18; Lk 16, 17).

Das Gottesreich erfordert eine Moral, die nicht auf Regeln und Vorschriften, die von außen auferlegt worden sind, basiert, sondern auf Selbsterkenntnis. Diese Selbsterkenntnis kann durch innere Auseinandersetzung erreicht werden. Die innere Konfrontation geschieht, wenn wir uns der Person in uns, für die das Gesetz notwendig ist, gegenüberstellen. Es wäre kein Gesetz nötig, das Mord, Ehebruch, Diebstahl, Begehrlichkeit und Verleumdung verbietet, wenn nicht ein Teil unseres Wesen anfällig dafür wäre, genau diese Dinge zu tun. Die Pharisäer und Schriftgelehrten suchen der Gefahr dieses inneren «Schattens» aus dem Wege zu gehen, indem sie Vorschriften befolgen, die solche Dinge verbieten. Aber die höhere Moral erfordert, daß wir uns dem Schatten in uns stellen, der die Vorschriften überhaupt erst notwendig gemacht hat. Durch diese Sinnesänderung erreichen wir eine wahrhaft sittliche Einstellung uns selbst und dem Leben gegenüber und sind für das schöpferische Leben des Gottesreichs bereit.

Diese *Notwendigkeit der inneren Auseinandersetzung*, der Selbstkonfrontation, bei denjenigen, die dem Gottesreich angehören wollen, ist für Jesus von höchster Wichtigkeit. Das ersehen wir aus seiner ersten Äußerung:

«Ändert euern Sinn! Denn das Reich der Himmel ist genaht» (Mt 3, 2);

und in so schockierenden Feststellungen wie jener gegenüber den Pharisäern:

«Wahrlich, ich sage euch: Die Zöllner und die Dirnen kommen vor euch in das Reich Gottes» (Mt 21, 31).

In bezug auf die Einhaltung des Gesetzes waren die Pharisäer unübertrefflich gewissenhaft. Aber gerade deswegen waren sie von ihrer eigenen Rechtschaffenheit überzeugt und nahmen ihre «Schatten»-Seite gar nicht wahr. Folglich kam keine moralische Selbstkonfrontation zustande. Aber der Zöllner und die Dirne, die ihrer Schattenseite nur allzu bewußt waren, hatten immer die Möglichkeit der inneren

Auseinandersetzung und deshalb auch die Möglichkeit, zu einem wahrhaft sittlichen Bewußtsein zu kommen.
Dies ist besonders augenfällig in dem berühmten Gleichnis vom verlorenen Sohn (Lk 15, 11–32). Obgleich das Himmelreich in diesem Gleichnis nicht ausdrücklich erwähnt wird, handelt es sich offenkundig um ein Gleichnis vom Reich Gottes und um einen Markstein im Denken Jesu. Das Paradox des Gleichnisses besteht darin, daß die beiden Brüder zwei Seiten einer einzigen Person sind. Jeder von uns hat eine pharisäerhafte Älterer-Bruder-Seite und eine eigensinnige Verlorener-Sohn-Seite. Nur wenn wir die letztere erkennen, können wir hoffen, zu uns selbst zu kommen wie der verlorene Sohn (Lk 15, 17) und – wenn wir uns mit unserer Schattenseite auseinandergesetzt haben – jene Art von höherem Bewußtsein zu erreichen, die das Reich Gottes erfordert. Natürlich muß man dazu einiges von der moralischen Selbstgefälligkeit aufgeben, in welcher der ältere Bruder schwelgt.
Diese Selbstkonfrontation führt dazu, daß wir das Reich Gottes als *einen inneren Vorgang*, eine Reise, ein Lebenswerk begreifen. Wer das Gottesreich erlangen will, muß sich entschieden dem inneren Weg verschreiben. Wenn er sehnsüchtig zurückblickt auf das weniger bewußte Leben, dessen er sich freute, bevor er sich auf die Suche nach dem Reich Gottes machte, dann ist er dessen nicht wert.
«Niemand, der seine Hand an den Pflug legt und zurückblickt, ist tauglich für das Reich Gottes» (Lk 9, 62).
Bei meiner beratenden Tätigkeit habe ich oft Gelegenheit gehabt, über dieses Wort Jesu nachzudenken. Manche Menschen gelangen nur unter quälendem Zwang zur harten Arbeit der Selbstkonfrontation. Wird dieser Zwang einmal ein wenig geringer, dann lassen sie gleich den Pflug fallen

und wenden sich um zu jenem unbewußten Zustand, den sie vorher genossen hatten. Sie sind für das Gottesreich noch nicht bereit.

Im Gegensatz dazu stehen jene, die gar nicht fähig sind, den inneren Weg zu verlassen. Wie von einer großen Kraft fühlen sie sich in den schöpferischen Prozeß hineingezogen, der in ihnen vor sich geht, und nichts könnte sie dazu bringen, nach außen zu drängen. Manchmal, wenn der Vorgang besonders quälend oder schwierig ist und sie sich darüber beklagen, frage ich: «Könnten Sie denn diese innere Arbeit aufgeben, wenn Sie wollten?» Die Antwort ist dann: «Nein, mir bleibt nichts anderes übrig als so weiterzumachen.» Für solche Menschen ist das Reich Gottes wirklich nahe herbeigekommen; vom Hinwerfen des Pfluges und vom Zurückblicken ist da nicht die Rede.

Der *personale, psychologische Aspekt* des Reiches Gottes wird von Jesus deutlich hervorgehoben, wenn er immer wieder betont, daß das für das Gottesreich erforderliche neue Leben so radikal ist, daß es zu einer völligen Veränderung und Erneuerung der Persönlichkeit kommen muß. Deshalb sagt Jesus zu dem Pharisäer Nikodemus:

«Wahrlich, wahrlich, ich sage dir: Wenn jemand nicht von oben her geboren wird, kann er das Reich Gottes nicht sehen» (Joh 3, 3).

Das griechische Wort, das hier mit «von oben her» übersetzt worden ist, kann auch «von neuem, wieder» heißen. Beide Bedeutungen treffen für die Auffassung Jesu vom Himmelreich zu. Das Individuum wird wiedergeboren – ein Bild, das den Tod des alten Wesens und die Geburt eines neuen anzeigt. Diese neue Geburt kommt «von oben her», das heißt, wir erreichen eine höhere sittliche und psychologische Bewußtheit. Jesus sagt:

«Wahrlich, ich sage euch: Wenn ihr nicht umkehrt und werdet wie die Kinder, so werdet ihr nicht ins Reich der Himmel kommen. Wer nun sich selbst erniedrigt wie dieses Kind, der ist der Größte im Reich der Himmel» (Mt 18, 3–4; Mk 9, 35–37; Lk 9, 47–48; vgl. Mt 19, 14).

Wie wir später noch sehen werden, benutzt Jesus das Bild des Kindes dazu, um unsere veränderte Persönlichkeit darzustellen; denn das Kind ist frei von jedem Falsch und jeder Maskenhaftigkeit und kann deshalb spontan und schöpferisch sein. Kinder spiegeln nach außen wider, was sie im Inneren fühlen, bis die Erwachsenen es ihnen anders beibringen; zwischen Schein und Sein klafft bei ihnen noch keine Lücke. Das Kind bleibt in schöpferischem Kontakt mit seiner Innenwelt. Das Ich und das Unbewußte sind nicht voneinander getrennt, sondern beide haben eine natürliche Verbindung miteinander. Eine solche Verbindung müssen die Kinder des Reiches Gottes mit Hilfe ihrer inneren Möglichkeiten herstellen.

Natürlich bedingt dies ein *Erkennen innerer Werte.* Äußere Werte sind für diejenigen, die zum Reich Gottes gehören, nur von zweitrangiger Bedeutung. Selbst wenn das äußere Geschick sich einmal zum Nachteil wendet – als Folge davon, daß man inneren Werten gefolgt war –, wird es sich zum Guten fügen.

«Selig sind, die um der Gerechtigkeit willen verfolgt werden; denn ihrer ist das Reich der Himmel» (Mt 5, 10).

Geld wird als besondere Gefahr betrachtet, weil es den Menschen so leicht von inneren Werten ablenkt und zu einem falschen Gefühl seiner Macht und Bedeutung verführt:

«Es ist leichter, daß ein Kamel durch ein Nadelöhr geht als ein Reicher ins Reich Gottes» (Mt 19, 24; Lk 18, 25; Mk 10, 25).

Um diesen Satz richtig zu werten, müssen wir uns daran erinnern, wie entsetzt die Jünger darüber waren und wie sie erstaunt fragten: «Wer kann dann gerettet werden?»
Hier sehen wir wieder, wieviel Jesus von den historisch bedingten Betrachtungsweisen seiner Zeit abgestreift hatte; denn die vorherrschende jüdische Meinung war ja, daß Gesundheit und Glück ein Zeichen für Gottes Gunst waren. Auf diese Weise drückte man sich um das Problem des Bösen herum, da ja die Armen und Leidenden, wie man meinte, nur die von Gott verhängte Strafe für ihre Sünden erlitten. Zweifellos rechtfertigte dieser Gedanke bei den Menschen der damaligen Zeit viele soziale Übelstände; sogar heutzutage betrachten ja manche wohlhabenden Leute ihre materiellen Güter als «gerechten Lohn».
Jesus will sagen, daß ein wohlhabender Mensch leicht von der Suche nach den inneren Werten abgelenkt wird. Er kann sich mit der Wichtigkeit im weltlichen Sinne identifizieren, die der Reichtum ihm gibt: Macht, Einfluß, öffentliches Ansehen, das Gefühl der eigenen Rechtschaffenheit. Wie wir in einem späteren Kapitel sehen werden, lenkt ihn dies alles leider von der Person ab, die er eigentlich ist. Das heißt nicht, daß es für einen Reichen unmöglich sei, ins Reich Gottes zu kommen; Jesus fügt etwas später hinzu: «Bei Gott aber sind alle Dinge möglich.» Aber wir können es so ausdrücken: Ein Mensch mit weltlichem Einfluß muß doppelt so bewußt sein wie einer, der materiellen Versuchungen weniger ausgesetzt ist.
Die geistige Natur des Gottesreichs spiegelt sich wider in seiner Rolle als Feind des Bösen. Ebenso wie es ein Reich Gottes gibt, gibt es ein Reich des Bösen.
Deshalb sind im Neuen Testament Heilungstaten so wichtig. Körperliche oder geistige Krankheiten wurden von Jesus

als Entfremdung von Gott betrachtet, ein übler Zustand, den man überwinden mußte. Es war unumgänglich, daß überall dort, wo das Gottesreich gepredigt wurde und wo der Glaube der Menschen es ermöglichte, Heilungstaten vollbracht werden mußten. Wenn Jesus einen Menschen geheilt hatte, sagte er gewöhnlich: «Dein Glaube hat dich gesund gemacht.» Diese Gesundheit gehört zum Wesen des Gottesreichs; wo das Gottesreich sich in einem Menschen manifestiert, zieht Gesundheit ein und Krankheit wird vertrieben. So gehören Gottesreich und Heilung untrennbar zusammen. Wir lesen von Jesus, daß er umherzog und «predigte das Evangelium vom Reich und heilte jede Krankheit und jedes Gebrechen im Volke» (Mt 4, 23, 9, 35).

Krankheit und Besessenheit waren Wirkungen des Reiches Satans. Wie das Reich Gottes war auch das Reich des Teufels eine geistige Realität, die sich personell im Menschen manifestierte. Dies wird deutlich in der Geschichte von der Begegnung zwischen Jesus und den Pharisäern, nachdem Jesus einige Besessene geheilt hat. Die Pharisäer, die auf die Macht und den wachsenden Einfluß Jesu neidisch sind, klagen ihn an, mit der Hilfe Beelzebubs (Satans) Teufel ausgetrieben zu haben. Jesus erklärt ihnen, daß er mit der Hilfe Gottes Dämonen austreibe und daß solche Heilung ein Zeichen dafür sei, daß das Reich Gottes sich jetzt unter den Menschen befinde.

«Wenn ich dagegen durch den Geist Gottes die Dämonen austreibe, so ist ja das Reich Gottes zu euch gekommen» (Mt 12, 28; Lk 11, 20).

Dies Reich Gottes wird dem Reiche Satans gegenübergestellt:

«Und wenn der eine Satan den anderen austreibt, so ist

er mit sich selbst entzweit, wie wird dann sein Reich bestehen?» (Mt 12, 26).

Offenkundig ist das Reich Satans eine gegenwärtige geistige Realität, die sich in den Krankheiten und Besessenheiten äußerte, die Jesus heilte. Ebenso ist das Reich Gottes eine gegenwärtige geistige Wirklichkeit.

Zudem ist das Reich Satans *nicht* mit sich selbst entzweit. Wir werden später noch näher auf den Ursprung und das Wesen des Bösen im Denken Jesu eingehen. Vorerst mag es genügen festzustellen, daß für Jesus ohne Frage das Reich des Satans *nicht* mit sich selbst entzweit ist. Das Böse ist in seiner Absicht geeint, und diese Absicht ist, Ganzes zu zerstören. Das Böse ist Anti-Ganzheit und als solche dem Reich Gottes entgegengesetzt. Solange sich Menschen in inneren Konflikten befinden, mit sich selbst uneins und Opfer ihrer eigenen inneren Gegenkräfte sind, bieten sie für das Böse eine leichte Beute. Wo aber das Reich Gottes in einem Menschen Platz erhält, wird dieser heil und ganz, und das Reich des Bösen hat keine Macht über ihn.

Deshalb ist das Gottesreich der *höchste Wert des Lebens.* Wenn jemand erst einmal den Schatz des Gottesreichs gesehen hat, wird er auch den Preis dafür zahlen wollen, denn sein Wert ist größer als alle anderen Werte. Und wenn ein Mensch in das neue Leben des Gottesreichs eintritt, dann ist auch seine Beziehung zur materiellen Seite des Lebens in Ordnung. Jesus sagt:

«Suchet vielmehr zuerst sein Reich und seine Gerechtigkeit; dann werden euch alle diese Dinge hinzugefügt werden» (Mt 6, 33; Lk 12, 31).

Nicht einmal die Freuden des familiären Lebens können sich mit dem Wert des Gottesreichs messen:

«Es ist niemand, der Haus oder Weib oder Brüder oder Eltern oder Kinder um des Reiches Gottes willen verlassen hat, der es nicht vielfältig empfangen würde in dieser Zeit und in der zukünftigen Welt des ewigen Leben» (Lk 18, 29–30; Mt 19, 29; Mk 10, 29–30).

Dies führt uns zu dem letzten Paradox des Gottesreiches, das wir in diesem Kapitel aufzeigen wollen. Das Reich Gottes ist eine gegenwärtige Realität, von jedem Menschen in diesem Leben erfahrbar und, wie wir gesehen haben, eine psychologische Erfahrung, die vom Individuum ein neues sittliches Bewußtsein fordert, Hingabe an einen inneren Weg, Selbstkonfrontation und das Zugeständnis, daß innere Werte den Vorrang vor äußeren haben. Das Gottesreich gibt dem Menschen Ganzheit, Sinn und schöpferische Kraft, so daß der Lohn des Gottesreiches in diesem Leben erfahren wird.

Gleichzeitig hat das Gottesreich aber immer auch einen transzendentalen Aspekt, der sich ausdrückt in den obengenannten Sätzen, in denen Jesus auf den künftigen Lohn im ewigen Leben hinweist. Psychologisch formuliert: Das Individuum, das in seinem Leben nach Ganzheit trachtet, wird zum eigentlichen Leben gelangen. Wer während seines irdischen Daseins dem Sinn seines Lebens gefolgt ist, wird in einer künftigen Welt einem geistigen Lebenszweck dienen. Wie das Leben nach dem Tode ist, wissen wir nicht. Aber wie das Leben einen Sinn hat, so hat ihn auch der Tod. Und wenn wir heil und ganz werden, entsteht etwas Unzerstörbares in uns, das uns – auf eine Weise, die unser Verständnis übersteigt – an das ewige Leben anschließt. Dies ist letztlich das Versprechen des Himmelreiches.

Das Reich Gottes ist eine geistige Realität, die persönlich vom Individuum erfahren werden kann und psychologisch beschreibbar ist. Nun muß ausführlicher erörtert werden, was der Eintritt in das Gottesreich bedeutet und welches die Vorzüge seiner schöpferischen neuen Kraft sind.

ZWEITES KAPITEL

Eintritt in das Reich Gottes

Wir haben bereits festgestellt, daß das Reich Gottes in allen Menschen ist. Aber paradoxerweise *werden nur wenige unter den vielen den Weg dazu finden.* Die meisten werden daran vorbeigehen und seine Wirklichkeit nicht wahrnehmen, und selbst manche von denen, die ausdrücklich zum Eintritt aufgefordert worden sind, werden Gottes Einladung nicht annehmen. Jesus sagt:

«Denn viele sind berufen, wenige aber auserwählt» (Mt 22, 14).

In das Gottesreich eingehen werden diejenigen, die die Wirklichkeit der inneren Welt erkannt und gelernt haben, auf seine Forderungen an ihr Bewußtsein einzugehen. Dies muß immer ein individueller Erkenntnisvorgang sein; er kommt nicht zustande, solange wir mit einer Gruppe identisch sind. Die meisten von uns werden ihr Identitätsgefühl aus ihrer Zugehörigkeit zur Kirche, zum Vaterland, zu einer politischen Partei oder zu einer Straßenbande beziehen.

Alarmierend am sozialen Konflikt unserer Zeit ist die Tatsache, daß man, ob man nun nach rechts oder nach links sieht, so wenig Individualität und soviel Kollektivdenken – womit nicht der Verantwortungssinn für die Gemeinschaft gemeint ist – findet. Die Kollektivnatur des Men-

schen, sein tief verwurzelter Herdentrieb verwehrt den meisten den Zugang zum Gottesreich. Die Menschen hassen und fürchten die Individualität mit ihren Forderungen nach Freiheit und Bewußtsein, und dadurch weisen sie das Reich Gottes zurück. Zugleich lehnen sie damit die innere Welt ab; denn die Anerkennung einer Welt im einzelnen Menschen selbst zerstört die Identifikation mit der Gruppe, die uns ja vor der Forderung schützt, ein Individuum zu werden.
Der Eintritt in das Gottesreich bedingt aber das Ende der Identifikation mit der Masse und die Bereitschaft, den mühseligen Weg der Einzelpersönlichkeit zu gehen. Oft ist es eine Qual, sich nicht mit Kollektiven identifizieren zu können, und unsere Träume spiegeln diese Qual häufig wider. In einem solchen Traum haben wir vielleicht einmal etwas Ungewöhnliches entdeckt, oder wir haben einen wenig begangenen Weg eingeschlagen. Der Träumer ist sehr überrascht und wundert sich über die neue Wendung der Ereignisse, aber viele Leute, die gerade vorbeikommen, merken davon gar nichts. Der Träumer ist erstaunt darüber, daß anscheinend niemand außer ihm seine Entdeckung bedeutsam findet oder merkt, was der Träumer als so ungewöhnlich empfindet ... Die innere Wirklichkeit ist entdeckt, und schon ist der Mensch nicht mehr identisch mit der Kollektivseele; erstaunt stellt er fest, daß er anders ist. Ein Prozeß der Persönlichkeitsdifferenzierung hat begonnen.

Weil diejenigen, die in das Gottesreich eingehen, als Individuen hineinkommen, ist der Weg zum Gottesreich niemals der Weg des geringsten Widerstandes, sondern ein schmaler, mühsamer, gewundener Pfad, der uns ein Verhalten «gegen die Natur» abverlangt. Solange der Mensch sich mit einer Gruppe identifiziert, folgt er dem bequemsten Weg und hält sich an die Instinkte, Verhaltensweisen und Massenbewegungen, denen er sich jeweils am leichtesten anpassen kann. Wenn ein Mensch sich aber der Gruppenmentalität widersetzt, fängt er an, gegen den Strom anstatt mit ihm zu schwimmen. Er erleidet die Qual und die Mühsal, die es bedeutet, ein bewußter Mensch zu werden, der seine Ängste nicht mehr hinter einer Massen-Identität verstecken kann.

Ängste sind auch für diejenigen, die in das Gottesreich eingehen, unausweichlich. Natürlich gibt es auch krankhafte Angst, das Anzeichen für eine Persönlichkeitsstörung. Doch ebenso gibt es begnadete Angst, die Angst, die unvermeidlich ist, weil das Eintreten in das Gottesreich vom Individuum verlangt, sich von der Gruppe zu differenzieren und die Konsequenzen, die diese Entscheidung mit sich bringt, zu tragen. All dies sagt Jesus in der Bergpredigt:

«Gehet ein durch die enge Pforte! Denn die Pforte ist weit und der Weg ist breit, der zum Verderben hinführt, und viele sind es, die auf ihm hineingehen; denn die Pforte ist eng und der Weg ist schmal, der zum Leben hinführt, und wenige sind es, die ihn finden» (Mt 7, 13–14; Lk 13, 24).

Der breite Weg ist derjenige Lebensweg, den wir unbewußt gehen, der Weg des geringsten Widerstandes und der Identifikation mit der Masse. Der schmale Weg erfordert Bewußtheit, wache Aufmerksamkeit, wenn wir nicht vom Pfade abkommen wollen. Wegen seines individuellen Charakters und weil er die Mühsal der Bewußtwerdung mit sich bringt, benutzen ihn nur wenige. Die Enge der Pforte weist hin auf die Angst bei dieser Suche nach dem Gottesreich, denn Enge und Angst sind miteinander verbunden. Unsere Träume spiegeln dies wider, indem sie uns manchmal auf schmalem Wege zeigen. In einem typischen Traum dieser Art fährt der Träumende auf einer Autobahn, gerät aber dann auf eine weniger befahrene Straße. Oder der Träumer sieht sich voller Angst einen steilen, gewundenen Pfad zu einem Berg hinaufsteigen. Oder der Träumende muß einen schmalen Weg beschreiten, eine Öffnung oder einen Tunnel furchtsam durchqueren. Sowohl in der Lehre Jesu als auch in unseren Träumen findet sich das gleiche Motiv: der eigentümlich bewußte und deswegen angstvoll beschrittene Weg, den diejenigen gehen müssen, die in das Gottesreich kommen wollen.

Wer dazu berufen ist, in das Reich Gottes einzugehen, erkennt vielleicht nicht immer, was ihm geschieht. Zuerst mag das Nahen des Gottesreichs wie ein heftiger Angriff von etwas Dunklem, Furchtbarem wirken; denn wenn das Reich auf uns herabkommt, erleben wir zunächst eine Verdunklung unseres bisherigen Bewußtseinszustandes, damit danach ein neues Bewußtsein auftauchen kann. Das ist eine psychologische Notwendigkeit. Der Eintritt in das Gottesreich bedeutet die Zerstörung des alten Wesens mit seinen beschränkten, unschöpferischen Verhaltensweisen. Wenn das Gottesreich kommen soll, muß dieser alte Mensch sterben. Die Festung, hinter der sich das Ego versteckt gehalten hat, muß niedergerissen werden, und weil diese Verteidigungsanlagen durch die Bewegung aus dem Innern gewaltsam zerstört werden, mag das zunächst wie ein heftiger Angriff aussehen. Wenn dieser Aufstand in der Persönlichkeit sich ereignet, ist es wichtig, sich dessen religiöse Obertöne klarzumachen; denn wenn dieser kraftgeladene innere Vorgang nur klinisch betrachtet wird, geht seine geistig-seelische Bedeutsamkeit verloren, und das Gottesreich wird nicht offenbar.

Die gewaltsame Art des Eintritts ins Gottesreich spiegelt sich in vielen Jesus-Worten wider und erklärt die anscheinend rätselhafte Bemerkung Jesu:

«Das Gesetz und die Propheten galten bis zu Johannes: von da an wird das Evangelium vom Reiche Gottes verkündigt, und jeder drängt sich mit Gewalt hinein (Lk 16, 16; Mt 11, 12);

wie auch den bekannten Ausspruch:

«Wer sein Leben verliert um meinetwillen, der wird es finden» (Mt 10, 39).

Das Gesetz war eine Schutzmaßnahme gegen eine direkte Erfahrung des Gottesreiches. Durch die Erfüllung des Gesetzes hofften die Menschen, das richtige Verhältnis zu Gott zu finden, ohne eine Beziehung zur inneren Welt herstellen zu müssen. Dies aber war, wie *Nikolai Berdjajew* gesagt hat, eine Ethik des Gehorsams, nicht des Schöpfertums*. Das Gottesreich aber ist dynamisch schöpferisch, und seine Ethik ist ebenfalls eine schöpferische, die auf Bewußtsein und auf Liebe beruht, nicht auf beschränkter Gesetzauslegung. Nun, da das Gottesreich zu den Menschen gekommen ist, wird die alte starre Auffassung, die durch das Gesetz verkörpert ist, heftig angegriffen, damit der neue, schöpferische Mensch hervortreten kann.

So war es bei Maria. Die religiöse Orientierung dieser aufrichtig frommen Frau war jahrelang formal und äußerlich gewesen und zu einer Ethik des Gehorsams gegenüber mo-

* Nikolai Berdjajew, *Der Sinn des Schaffens.*

ralischen Forderungen sowie zur Identifikation mit den vorherrschenden kollektiven Verhaltensweisen ihrer Kirche geworden, so daß ihre eigene schöpferische Natur dabei unterdrückt wurde. Diese Identifikation schützte sie außerdem davor, vielen schmerzlichen Gefühlen aus vergangenen Lebens- und Liebesenttäuschungen ausgesetzt zu sein. Das Ergebnis war eine äußerlich angenehme Person, die aber ihrer eigenen Kreativität wie auch ihrem eigenen Schmerz gegenüber verschlossen war. Doch schließlich brach der Schutzwall um ihr Inneres, und es gelang den verdrängten unbewußten Elementen, ihr äußeres Leben völlig zu verwirren.

Zu Beginn dieser Erfahrung hatte sie einen Traum: Während eines starken Sturmes befand sie sich auf einem Schiff und klammerte sich an einem dünnen Mast fest, der Teil der Schiffsaufbauten war. Dann verlor sie plötzlich den Halt und stürzte in die tobende See ... Das war ihr Problem: Sie hatte *den Halt verloren* – das heißt ihren bewußten Halt, ihre Orientierung – und war in das aufgewühlte Wasser des Unbewußten gefallen. Entweder würde sie nun ertrinken, oder sie mußte in diesen Wassern des Konflikts und der Kreativität schwimmen lernen.
In dem folgenden Zusammenbruch, mit Ängsten und tiefer Depression, bestand die Gefahr, daß die schöpferischen Möglichkeiten verschüttet würden. Von einer bloß klinischen Perspektive aus gesehen, bot sich ein trostloses Bild. Zum Glück war sie imstande, den Sinn ihrer Erfahrung wahrzunehmen und zu erkennen, daß Gott gerade in dieser ihrer Dunkelheit und Verwirrung handelte. Sie begriff die Wahrheit des Ausspruchs, daß eine gequälte Seele Gott nahe sei. Die Bedeutung der Ereignisse, die sich in ihrem

Eine gequälte Seele ist Gott nahe!

Innern abspielten, wurde offenbar, und als sie diesen roten Faden ergriff, vermochte sie auf einmal die schöpferischen Elemente inmitten des plötzlichen gewaltsamen Umsturzes zu erkennen und aus der Krankheit heraus zur Gesundheit zu kommen, vom Gehorsam zu schöpferischer Tätigkeit, von einer formalen, äußerlichen Religion zu einem Glauben, der sinnreich mit ihrer eigenen inneren Welt in Beziehung stand.

Dies bringt uns zum nächsten Paradox des Eintritts in das Reich Gottes: *Am ehesten kommen diejenigen in das Gottesreich, die erkannt haben, daß sie im Leben irgendwie verletzt oder geschädigt worden sind.* Unsere Schwäche oder Verletzung ist als solche noch keine Tugend, besonders dann nicht, wenn sie zu Selbstmitleid führt, das die schöpferischen Absichten des Gottesreichs völlig vereitelt. Doch wenn ein Mensch seine eigene Bedürftigkeit, ja, seine Verzweiflung nicht erkennt, so ist er nicht bereit für das Reich Gottes; ebenso werden die Selbstzufriedenen, die vom Leben in ihrer einseitigen Orientierung noch unterstützt worden sind, in ihrer Egozentrik befangen bleiben.

Deshalb kam Jesus so häufig mit Sünderinnen und mit Zöllnern zusammen, und es gelang ihm selten, mit den Pharisäern eine Beziehung anzuknüpfen, weil diese gewöhnlich, durch ihre privilegierte Stellung in der Gesellschaft und durch ihre Überzeugung, rechtschaffene Leute zu sein, in ihrer Ichbezogenheit bestärkt wurden. Doch Sünderinnen und Zöllner konnten, wenn sie sich änderten und in sich gingen, einen Zugang zum Gottesreich finden.

Dieses Paradox des Himmelreiches wird ausgedrückt im Gleichnis vom Hochzeitsfest, in welchem das Reich Gottes

mit einem König verglichen wird, der seinem Sohn zu Ehren ein Hochzeitsmahl gab. Zuerst lud er die angesehensten Gemeindeglieder ein; aber diese waren zu sehr mit anderen Dingen beschäftigt, zu sehr in private Angelegenheiten vertieft und beachteten die Einladung des Königs nicht. Schließlich wurde der König zornig und sagte:
«Die Hochzeit ist zwar bereit, aber die Geladenen waren unwürdig. Darum gehet an die Kreuzungen der Straße und ladet zur Hochzeit ein, so viele ihr findet» (Mt 22, 8–9).
Im Lukas-Evangelium wird es sogar noch nachdrücklicher gesagt:
«Da wurde der Hausherr zornig und sagte zu seinem Knecht: Geh schnell hinaus auf die Straßen und Gassen der Stadt und führe die Armen und Krüppel und Blinden und Lahmen hier herein ... Geh hinaus auf die Landstraßen und an die Zäune und *nötige* sie, hereinzukommen, damit mein Haus voll werde!» (Lk 14, 21, 23).
Gerade diejenigen, die für das Gottesreich am wenigsten bereit scheinen, kommen hinein. Die Menschen, die vom Leben gezwungen worden sind, sich einzugestehen, daß sie seelisch verkrüppelt, verstümmelt oder blind sind, können genötigt werden, an dem großen Fest teilzunehmen. Die Selbstzufriedenen aber kommen nicht hinein, denn sie bleiben in ihrer Einseitigkeit befangen.
Aber auch dann gibt es noch Gefahren und entschiedene Forderungen, und nicht jeder, der zu dem Fest eingeladen ist, gehört zum Gottesreich; ein Mann kam ohne hochzeitliches Gewand und wurde hinaus in die Finsternis geworfen. Wie K. C. Pillai in seinem kleinen Buch *Light through an Eastern Window* schreibt, war es im alten Orient Sitte, daß ein Edelmann, der jemanden zu einem besonderen

Anlaß in sein Haus einlud, dem Gast durch einen Boten ein spezielles Gewand schickte, das dieser tragen sollte. Dieses Gewand zu tragen, war sowohl eine Ehre als auch ein Zeichen des Schutzes für den Betreffenden auf seinem Weg zum Haus des Gastgebers. Ohne dieses Gewand zu kommen, galt als äußerst unachtsam und unhöflich. Ebenso werden wir, wenn wir im Gottesreich ankommen und es aus Unachtsamkeit und unhöflicherweise unterlassen haben, dem göttlichen Gastgeber respektvoll zu begegnen, hinaus in die Finsternis geworfen werden; das heißt, wir werden in den Bereich des Unbewußten verbannt. Vielen Menschen kommt diese erbarmungslose Strafe hart und grausam vor, aber wir müssen daran denken, daß es in bezug auf das Reich Gottes keine Sentimentalität geben darf. Das Christentum ist zwar eine Religion, die das *Gefühl* anspricht; wenn es nicht unsere Gefühle ebenso einbezieht wie unseren Verstand, hat es keine Wirkung. Aber es ist keine *sentimentale* Religion – die Sentimentalisierung des Gefühlsaspektes war eine der Katastrophen, die den christlichen Geist überwältigt haben. Im Reich Gottes haben wir es mit harten geistigen Tatsachen zu tun; für Gefühlsduselei ist da kein Platz. Wenn wir von einem Felsen springen, können wir uns dabei ein Bein oder sogar den Hals brechen. Das ist eine physische Tatsache, und wir haben kein Recht, zu erwarten, daß Gott in unser Schicksal eingreift, wenn wir die physischen Tatsachen seiner Schöpfung mißachten. Nun gibt es aber auch geistige Tatsachen, die ebenso objektiv und real sind wie die physischen. Eine davon ist die, daß, wenn wir auf unserem Weg zum Reiche Gottes unbewußt handeln und die Tatsachen der Innenwelt außer acht lassen, wir erwarten müssen, vom Unbewußten erbarmungslos behandelt zu werden;

denn mit unserer Weigerung, bewußt zu werden, mißachten wir die geistigen Tatsachen der Schöpfung.
Eine Parallele zum Gleichnis vom Hochzeitsfest kann man in der seelsorgerlichen oder psychologischen Beratung sehen. Es kommen fast nur Menschen zur Beratung, die durch irgendwelche Schicksalsschläge dazu gedrängt werden. Andere, die die Illusion der Unabhängigkeit aufrechterhalten können, weichen dem Kontakt mit der Innenwelt aus. Sie sind zu sehr von äußerlichen Dingen in Anspruch genommen und damit zufrieden, um noch auf innere achten zu können. Diejenigen aber, die zuerst in die innere Welt gelangen, weil sie sich dazu getrieben fühlen, bleiben oft dort, um das Fest zu genießen. Wenn sie auch zunächst durch unangenehme Erlebnisse oder Mißerfolge dazu motiviert worden sind, können sie durch den Kontakt zu ihrer Innenwelt nicht nur geheilt werden, sondern auch die Triebfeder zu einem schöpferischen Leben entdecken.

Der Eintritt in das Gottesreich führt oft in eine Krise, weil er Forderungen stellt. Wie wir gesehen haben, werden unser früheres Wesen und unsere ehemaligen Verhaltensweisen durch das Gottesreich in Frage gestellt. Unsere Antwort auf diese Herausforderung ist sehr wichtig und entscheidet darüber, ob wir den Weg der Kreativität oder den der Unbewußtheit gehen werden. Dies ist die «Ego-Krise», eine Zeit, in der Urteile gefällt und Entscheidungen getroffen werden. Deshalb spricht Jesus so häufig vom Himmelreich. Die Zeit ist erfüllt, jetzt muß der Mensch eine Antwort finden; das Gottesreich außer acht zu lassen, hat unausweichliche Konsequenzen, und der Mensch kann mit seiner Antwort nicht länger warten.

Die Mission der Zwölf ist dafür ein gutes Beispiel. Jesus sendet seine Jünger aus, damit sie die Kunde vom Gottesreich verbreiten, und er gibt ihnen «Macht über die unreinen Geister, sie auszutreiben und jede Krankheit und jedes Gebrechen zu heilen» (Mt 10, 1; Lk 9, 1; Mk 6, 7). Daß die Jünger diese Macht besaßen, zeigt, daß sie zumindest bis zu einem gewissen Grade in die Geheimnisse des Gottesreiches eingeweiht waren. Im Matthäus-Evangelium gilt diese Mission anfangs nur für die verlorenen Schafe des Hauses Israel. Dem Volk Israel, als historischem Träger der direkten Beziehung zu Gott, wird als erstem das Himmelreich als unmittelbare innere Wirklichkeit gezeigt. Kennzeichnend für die Sendung der Jünger ist die Betonung der Dringlichkeit, nämlich:
«Und wenn man euch nicht aufnimmt noch eure Worte anhört, so gehet fort aus jenem Haus oder aus jener Stadt und schüttelt den Staub von euren Füßen. Wahrlich, ich sage euch: Es wird dem Lande Sodom und Gomorrha am Tage des Gerichts erträglicher ergehen als dieser Stadt» (Mt 19, 14–15; Lk 10, 10–12).
Es klingt vielleicht erstaunlich, daß das, was den Israeliten, die das Himmelreich leugnen, geschehen wird, schlimmer sein soll als das Schicksal von Sodom und Gomorrha; denn es gibt keinen Grund zu der Annahme, daß das Volk Israel schlechter gewesen wäre als jene Ungläubigen im Alten Testament. Auch dies hat wieder mit dem Problem: Gehorsam oder schöpferisches Bewußtsein zu tun. Die Menschen in Sodom und Gomorrha waren ungehorsam gegen Gott. Sie hatten Gottes Gebote vernachlässigt und lebten nur ihrem eigenen Vergnügen. Das Volk Israel erfüllte die Forderung nach Gehorsam besser; aber das Gottesreich fordert eben nicht Gehorsam, sondern schöpferi-

sche Tätigkeit, nicht eine Religion äußerer Regeln, sondern Bewußtheit. Der Grund dafür, daß es den Israeliten, die das Himmelreich ablehnen, so schlecht ergehen wird, ist nicht der, daß sie so ungehorsam sind, sondern daß das Himmelreich und sein Aufruf zur Bewußtheit nahe herbeigekommen ist; das schafft eine Krisensituation.

Eine solche Krise ereignet sich häufig auch dann, wenn das Gottesreich sich in einem einzelnen Menschen zu entfalten beginnt. An einem bestimmten Punkt unserer inneren Entwicklung möchten wir plötzlich den inneren Schöpfungsprozeß anhalten und sagen: «Jetzt ist es genug, weiter brauche ich nicht zu gehen.» Oft beginnt dann eine Zeit der Dunkelheit und Verwirrung, die noch übler ist als die vorangegangene. Eine derartige Erfahrung ist ein sicheres Anzeichen dafür, daß der schöpferische Vorgang des Gottesreichs *nicht abgelehnt wird*. Denn wenn jemand die Forderungen des Schöpferischen zurückweist und wieder das unbewußte Leben in schweigendem Gehorsam zu führen versucht, wird es ihm schlimmer ergehen als Sodom und Gomorrha. Gott kann strenger gegenüber denen sein, die ihm nahe sind, als gegenüber denen, die ihn nie gekannt haben, denn *diese* könnten vielleicht zu etwas Schöpferischem gelangen.

So war es auch mit Paula, die in die Beratungsstunde kam, weil sie von starken Angstgefühlen gequält wurde, die ihre Arbeit sehr behinderten. Nach mehreren Gesprächen waren Berater und Beratene froh, gewisse Fortschritte feststellen zu können. Die Angst hatte sich anscheinend verringert, und die Frau konnte wieder recht gut arbeiten. Da entschied sie sich, mit Zustimmung des Beraters, für einen Abbruch der Therapie, mußte aber nun erleben, daß ihre Angstgefühle wiederkamen und zwar womöglich noch stärker als zuvor. Bei der anschließenden Therapie zeigte sich, daß in ihr ein schöpferischer Prozeß im Gange war, der sich nicht ignorieren ließ. Da sie wieder «normal, wie früher» werden wollte, hätte dieser Prozeß unterbrochen werden müssen. Wenn sie diese Aufforderung zu schöpferischer Aktivität beharrlich überhört hätte, wäre es ihr möglicherweise «schlimmer als Sodom und Gomorrha» ergangen. Zum Glück gehorchte sie aber dem inneren Ruf und entwickelte sich dadurch weiter. Mit der Zeit schwand ihre Angst, aber diesmal brach sie die Beziehung zu ihrer Innenwelt nicht wieder ab.

In dieser Bewußtseinskrise muß sich die Persönlichkeit erneuern. Das frühere Wesen kann den neuen Bewußtseinsstand, den das Gottesreich von uns fordert, einfach nicht fassen. Wenn das neue Wesen in das alte Gefüge gegossen wird, bricht der alte Rahmen auseinander. Der schöpferische Inhalt des Gottesreichs verlangt nach einem neuen, frischen Bewußtsein, das ihn zu halten vermag. Viele Menschen haben zu lange versucht, sich am alten Wesen festzuklammern; sie sind unter dem Ansturm des Gottesreiches zerbrochen. Denn das Gottesreich ist ein «neuer Wein», und der neue Wein des Bewußtseins braucht einen neuen Weinschlauch:

«Niemand setzt aber ein Stück ungewalktes Tuch auf ein altes Kleid; denn von dem Kleide reißt sein Flickstück ab, und der Riß wird schlimmer. Man füllt auch nicht neuen Wein in alte Schläuche; sonst zerreißen die Schläuche und der Wein wird verschüttet und die Schläuche gehen zugrunde. Sondern man füllt neuen Wein in neue Schläuche; dann bleiben beide miteinander erhalten» (Mt 9, 16–17, Mk 2, 21–22, Lk 5, 36–39).

Weil das Gottesreich seiner Natur gemäß Krisen erzeugt,

hat es die Macht, wie ein Sturmwind in unser Leben zu fahren. Ähnlich wie es Maria erging, die träumte, sie würde ins Meer geworfen, kann das Ego in das wirbelnde Leben des Unbewußten, mit all seinen Konflikten und Forderungen, hineingeschleudert werden. Wenn dies geschieht, ist das, was den Namen «Glauben» trägt, von entscheidender Bedeutung; mit dessen Hilfe erkennt man nämlich, daß der Sturm nicht chaotisch wirkt, sondern von der höheren Macht des Menschensohnes gezügelt wird. Der Sturm ist zwar gewaltig, aber die Macht Gottes ist größer, und alle turbulenten Geschehnisse ereignen sich unter seinem Einfluß, wenn er in die Seele eingeht.

Oft träumen wir von Stürmen. Entweder befinden wir uns auf stürmischer See, oder wir treiben in eine große dunkle Wolke hinein, werden von einem Erdbeben geschüttelt oder sind starkem Unwetter ausgesetzt. In solcher Zeit der Stürme ist der Glaube lebenswichtig, und zwar kein verstandesmäßiger Glaube, der darin besteht, bestimmten Glaubenslehren zuzustimmen, sondern eine innere Haltung, eine Hingabe an den inneren Weg, ganz gleich, was auf uns zukommen mag; der Entschluß, den Einen zu erkennen.

In diesem Sinne ist auch die Geschichte von der Beruhigung des Sturmes (Lk 8, 22–25) zu verstehen. Diese Geschichte, die ganz ähnlich wie ein Traum gedeutet werden kann, beginnt damit, daß unser Herr zu seinen Jüngern sagt:

«Lasset uns ans jenseitige Ufer des Sees fahren!» Hier haben wir das Bild von der Seefahrt, dem Überqueren des Wassers, nämlich des Unbewußten, auf dem Wege zur nächsten Station der Reise. Ein altes chinesisches Weisheitsbuch sagt: «Die großen Gewässer zu überqueren, bringt den Menschen weiter.» Typischerweise verläuft eine solche Überfahrt stürmisch, und auch in dieser Geschichte kommt der Sturm, und das kleine Schiff der Jünger (ihr winziger Ego-Standpunkt) wird auf den tosenden Wellen hin und her geworfen. Entsetzt wecken sie den Meister auf: «Meister, Meister, wir gehen unter!»

Davor hat das Ego am meisten Angst: Daß es im Unbewußten ertrinken könnte, überwältigt und vernichtet werden würde. Viele Menschen werden so verzagt, daß sie die Fahrt an diesem Punkt völlig aufgeben. Sie kehren dahin zurück, wo sie sich sicher fühlen, oder sie ertrinken aus schierer Angst. Nur der Glaube kann uns die Kraft geben, dem Sturm zu trotzen.

«Nachdem er aber erwacht war, bedrohte er den Wind und die Wogen des Wassers, und sie legten sich, und es trat Windstille ein. Da sprach er zu ihnen: Wo ist euer Glaube? Sie aber fürchteten und verwunderten sich und sagten zueinander: Wer ist doch dieser, daß er sogar den Winden gebietet und dem Wasser und sie ihm gehorsam sind?»

Die Umwelt gehorcht Gott ebenso wie die Außenwelt. Durch Christus ist Gott im Menschen ebenso wirklich wie in den Mächten der äußeren Welt. Wenn man an diese göttliche Kraft glaubt, übersteht man sogar den Sturm.

Die Kraft aber, die einem hilft, dem Sturm zu widerstehen, der sich erhebt, wenn man sich der inneren Welt aussetzt, ist der Felsen der Kenntnis des Wortes Gottes. Der Ego-Standpunkt wird oft als Haus dargestellt. Wenn man auf andere Dinge vertraut als auf das Wort Gottes, ist das Haus des Ego nicht standfest. Das Bild des Hauses ist in der Lehre Jesu wie auch in unseren Träumen bedeutsam. In unseren Träumen symbolisiert die Art unseres Hauses unsere Bewußtseinsstruktur. Zum Beispiel träumt jemand, er wohne in einem Zimmer ohne Fenster und Türen. Dadurch wird ein Zustand seines Bewußtseins gekennzeichnet: Es hat keinen Ausblick ins Leben und hält den betreffenden Menschen eingeschlossen*. Jemand anders träumt, er wohne zu seiner eigenen Überraschung in einem großen, schönen Hause. Er ist darüber ganz aufgeregt und sehr froh. Doch ein Teil des Hauses bleibt ihm verborgen und macht ihm Angst. Sein neuer Bewußtseinsstand ist aufregend, er hat sich stark erweitert, aber er enthält auch viele neue Möglichkeiten, die erst erkannt werden müssen und die, eben weil sie noch unbekannt sind, dem Menschen Furcht einflößen. Über den Sturm und das Haus sagt Jesus:

«Jeder nun, der diese meine Worte hört und sie tut, ist einem klugen Manne zu vergleichen, der sein Haus auf den Felsen baute. Und der Platzregen fiel und die Wasserströme kamen und die Winde wehten und stießen an jenes Haus, und es fiel nicht ein, denn es war auf den Felsen gegründet» (Mt 7, 24–25; Lk 6, 47–48).

Hier trotzt das Haus dem Sturm, weil es auf Felsen gebaut worden ist. Dieser Felsen ist der Felsen des Bewußtseins. Er entsteht durch das Hören und das Befolgen der Worte Jesu, das heißt dadurch, daß man die Forderungen der Ethik des Bewußtseins und der schöpferischen Tätigkeit erfüllt. Geistig-seelisches Bewußtsein und Einsicht bilden den Felsen Christi, auf dem das Gottesreich gegründet ist, wie auch aus der oft mißdeuteten Geschichte vom Glaubensbekenntnis des Petrus auf dem Weg nach Cäsarea Philippi (Mt 16, 13–20) hervorgeht.

* Siehe auch Kapitel 1 meines Buches: *Gottes vergessene Sprache.*

In dieser Geschichte gehen Jesus und seine Jünger nach Cäsarea Philippi, und Jesus fragt die Jünger:
«Für wen halten die Leute den Sohn des Menschen?» Die Jünger berichten von verschiedenen Vermutungen, nach denen Jesus mit diesem oder jenem israelischen Propheten identifiziert wird. Da fragt Jesus seine Jünger direkt:
«Ihr aber, für wen haltet ihr mich?»
Und Simon Petrus antwortet:
«Du bist der Christus, der Sohn des lebendigen Gottes!»
Darauf sagt Jesus:
«Selig bist du, Simon, Sohn des Jona; denn Fleisch und Blut hat dir das nicht geoffenbart, sondern mein Vater in den Himmeln. Aber auch ich sage dir: Du bist Petrus, und auf diesen Felsen will ich meine Kirche bauen, und die Pforten des Totenreichs werden nicht fester sein als sie. Ich will dir die Schlüssel des Reiches der Himmel geben; und was du auf Erden binden wirst, das wird in den Himmeln gebunden sein, und was du auf Erden lösen wirst, das wird in den Himmeln gelöst sein.»
Jesus beglückwünscht Petrus zu seiner *seelischen Einsicht*. Petrus ist *bewußt* geworden, und darauf beruht sein Glaube wie seine Autorität. Jesus nennt Simon griechisch «Petros», das ist die Maskulinform für «Felsen», und spricht dann von «petra», der Femininform dieses Wortes. Die Autorität des Petrus gründet sich auf «petra», den Felsen seiner bewußten Einsicht. Gegen dieses Bewußtseinsprinzip können selbst die Stürme der Unterwelt, die höllischen Angriffe der chaotischen Mächte des Unbewußten nichts ausrichten.
Der Fels ist nicht Petrus als Mensch, sondern seine *Einsicht*, der Bewußtseins-Akt. Wo dieser Vorgang sich ereignet, da ist Kirche.

Menschen mit dieser Einsicht sind von größter Bedeutung. Ein weiteres Paradox vom Gottesreich ist dies: Zwar ist Gott die zentrale Gestalt, aber der Mensch ist für das Gottesreich gleichfalls unerläßlich, weil sein Bewußtsein dafür unbedingt notwendig ist. Deshalb *hat der Mensch selbst die Schlüssel zum Reiche Gottes bekommen.* So wichtig ist der Mensch als Bewußtseinsträger in Gottes Plan. Hier geht Jesus weit über die Ethik des Gehorsams hinaus zur Ethik des Schöpferischen. Der Mensch ist nun sehr viel mehr als bloß ein gefallenes Geschöpf, das der Heilung bedarf; er ist ein schöpferisches Geschöpf, das von Gott innerhalb des Weltsystems eine grundlegende Bedeutung erhalten hat.

Das Gottesreich ist nahe herbeigekommen. Der Mensch kann hineinkommen, Gott lädt ihn dazu ein. Der Eintritt in das Gottesreich geht oft gewaltsam vor sich, denn er bedeutet, daß man sein früheres Wesen aufgibt und daß man einen neuen Wein entdeckt. Dieser neue Wein eines bewußt gelebten Lebens erfordert den neuen Menschen. Das neue Leben muß auf der Ethik schöpferischen Bewußtseins gegründet werden, und ein solches Leben ist für Gott selbst ungeheuer wichtig. Das Gottesreich ist nahe herbeigekommen. Wir haben seine Bedeutung erkannt, und wir wollen hinein; wir sind bereit, Jünger zu werden. Aber was wird von uns als Jünger des Reiches Gottes verlangt? Damit wollen wir uns jetzt beschäftigen.

DRITTES KAPITEL

Der Preis für die Jüngerschaft

Seinem Instinkt nach ist der Mensch ein Herdentier. Seit Hunderttausenden von Jahren existierte er nur mit Hilfe der Gruppe, und das Individuum fand seine Identität und seinen Daseinszweck dadurch, daß es einem Stamm, einer Klasse oder einer Nation angehörte. Doch das Reich Gottes ruft uns dazu auf, diesen Herdentrieb hinter uns zu lassen und ein individuelles Bewußtsein von uns selbst und Gott zu entwickeln. Ein Jünger zu sein, heißt, dem individuellen Weg folgen, und das bedeutet unweigerlich, daß der einzelne sich von der Kollektivpsychologie der Gruppe* trennen muß.

Unsere Neigung dazu, in der Gruppe unterzutauchen, ist eine der hauptsächlichen Ursachen dafür, daß wir unbewußt bleiben; diese Neigung kann unsere Kirche betreffen, unsere Familie, unsere Nation, unsere Berufsgruppe oder irgendeinen anderen Verband, mit dem wir uns identifizieren und aus dem wir unser Selbstverständnis beziehen. Der Abbruch der Identifikation mit der Gruppe ist ein schmerzhafter Prozeß, denn solange wir in der Gruppe

* Diese ist nicht zu verwechseln mit der neuen Gruppenpsychologie, die eine individuelle Reflexion voraussetzt. Erst nach der vom Autor geforderten Trennung kann ein neues gruppendynamisches Bewußtsein sinnvoll und fruchtbar werden. (D. Ü.)

untertauchen können, empfinden wir ein Gefühl der Sicherheit. Wenn diese unbewußte Identifikation aufhört – und unter dem starken Eindruck des Reiches Gottes muß sie das –, wird dieser illusionäre Friede zunichte gemacht. Deshalb sagt Jesus:
«Meinet nicht, daß ich gekommen sei, Frieden auf die Erde zu bringen. Ich bin nicht gekommen, Frieden zu bringen, sondern das Schwert» (Mt 10, 34; Lk 12, 51).
Ein Schwert ist das, was teilt und trennt. Christus als das Wort Gottes ist ein lebendiges Schwert, das alles, was einst miteinander verschmolzen war, teilt und trennt, damit eine individuelle Differenzierung stattfinden kann.
Dieser Individualisierungsvorgang kann auch mit einem Reinigungsprozeß verglichen werden, in dem das Individuum, das kein Sicherheitsgefühl durch Gruppenidentifikation mehr hat, sich in das innere Feuer geworfen sieht, um dort gereinigt, geläutert und auf das Himmelreich vorbereitet zu werden. Innerhalb der Gruppe sind wir vor dem direkten Kontakt mit der feurigen Natur des Selbstwerdungsprozesses geschützt, aber wenn wir allein sind, empfinden wir die brennende Intensität des inneren Lebens.
«Ein Feuer auf die Erde zu bringen, bin ich gekommen, und wie sehr wünschte ich, es wäre schon entfacht!» (Lk 12, 49).
Es ist interessant, diesen Vers mit einem ähnlichen zu vergleichen, der im apokryphen Thomas-Evangelium steht:
«Wer mir nahe ist, der ist dem Feuer nahe, und wer mir fern ist, der ist dem Himmelreich fern» (Logion 82).
Ein Teil des Individualisierungsvorgangs bedingt eine psychologische Trennung von der Familienidentifikation. Um zu uns selbst zu finden, müssen wir frei sein von der unbewußten Identifikation mit Eltern, Ehepartner oder Kin-

dern. Wir können die Forderung der Jüngerschaft nach Individualität nicht erfüllen, solange wir uns mit dem identifizieren, was Fritz Künkel «Stammesbewußtsein» genannt hat. Dabei macht es keinen Unterschied, ob es sich um eine äußere Identifikation mit Mutter, Vater, Ehemann, Ehefrau handelt, die uns von der Selbstwerdung abhält, weil wir durch jemand anderen leben, oder ob es eine innere Identifikation ist und wir Vater, Mutter, Ehemann oder Ehefrau in uns tragen, als innere Stimme oder als beherrschenden Geist. Die einzige Art und Weise, diesen Bruch mit der Stammestreue zu vollziehen (sie gehört zu den stärksten irdischen Treueverpflichtungen des Menschen), ist die, daß man sein Leben auf der noch stärkeren Verpflichtung aufbaut, die von denen verlangt wird, die Jünger des Gottesreichs werden wollen. Dieses Opfern der alten Bindungen erscheint oft unglaublich schwer, ja grausam. Jesus sagt: «Denn ich bin gekommen, einen Menschen mit seinem Vater zu entzweien und eine Tochter mit ihrer Mutter und eine Schwiegertochter mit ihrer Schwiegermutter, und des Menschen Feinde werden die eignen Hausgenossen sein» (Mt 10, 35–36).

Es mag seltsam erscheinen, daß Jesus Familienmitglieder als «Feinde» bezeichnet. Gerade weil die Liebe und das Zugehörigkeitsgefühl in der Familie so stark sind, kann die Familie zu einem «Feind» des Reiches Gottes werden. Es ist nicht schwer, um des Gottesreichs willen etwas abzulehnen, was wir ohnehin nicht mochten; aber uns von etwas zu trennen, was uns am nächsten steht, was uns als die höchste Verpflichtung im Leben erscheint, das ist äußerst schwierig. Deshalb ist es für den Jünger des Gottesreichs notwendig, zu erkennen, wie diese engen Bindungen uns zum «Feind» werden.

In diesem Sinn müssen wir die anscheinend harten Worte verstehen, die Jesus über die Notwendigkeit sagt, sich von allen, die uns am liebsten sind, loszusagen:
«Es zog aber eine große Volksmenge mit ihm, und er wandte sich um und sprach zu ihnen: Wenn jemand zu mir kommt und nicht seinen Vater und seine Mutter und sein Weib und seine Kinder und seine Brüder und seine Schwestern und dazu auch sein Leben haßt, kann er nicht mein Jünger sein» (Lk 14, 25–26).
Wenn wir uns derart mit unserer Familie identifizieren, daß unsere Individualität bedroht ist, erscheint in unseren Träumen häufig das Motiv des «Hassens». Der Traum, in dem wir Vater oder Mutter ablehnen oder in dem wir mit jemandem kämpfen, von dem wir wissen, daß wir ihn eigentlich lieben, zeigt oft die Notwendigkeit eines inneren Abbruches einer unbewußten Identifikation mit einem Familienmitglied. Der Kampf, der Streit oder die Auflehnung gegen jemanden im Traum drückt aus, daß wir uns psychologisch differenzieren müssen, um frei und individuell orientiert zu werden.
Unsere Träume ermöglichen uns einen hilfreichen Einblick in die Bedeutung der Lehre Jesu, denn sie machen klar, daß es sich um ein inneres, kein äußeres «Hassen» handelt. Die Worte Jesu sind keine Rechtfertigung für Zankereien mit Familienangehörigen, keine Entschuldigung dafür, daß wir sie verletzen unter Berufung darauf, daß wir ja unsere Individualität finden müßten. Das Gegenteil ist der Fall: Wir streiten uns äußerlich mit denen, von denen wir uns innerlich noch nicht gelöst haben. Dadurch, daß es uns nicht gelingt, unsere Individualität von den Menschen abzugrenzen, denen wir nahestehen, werden wir in zerrüttete Verhältnisse gedrängt. Wenn wir die Worte Jesu als nach

innen gerichtet, auf eine innere Distanz zielend begreifen, können wir vermeiden, zu einer äußeren Trennung gezwungen zu werden. Als Individuum, das seine eigene innere Identität gefunden hat, bekommen wir dann zum erstenmal ein schöpferisches, positives Verhältnis zu unserer Familie.

Albert, Anfang Vierzig, arbeitet in einem Beruf mit geringem Sozialprestige, hat wenig Aussicht auf schöpferische Tätigkeit, Geld und Zukunft. Seine physische und psychische Kondition ist dadurch geschwächt. Deprimiert kommt er zur Beratung. Zum Vorschein kommt dabei schließlich das Bild eines Mannes, der sehr wohl schöpferisch hätte tätig sein können, aber zugunsten eines sicheren, mittelmäßigen Berufs darauf verzichtet hat, weil er es für seine wichtigste Lebensaufgabe hielt, für die Sicherheit seiner Familie zu sorgen. Hinter dieser Überzeugung steht die Person seiner Mutter, einer dominierenden Frau, die streng konventionelle Ansichten vertritt und ihre Machtposition auf destruktive Weise noch dadurch festigt, daß sie die ihr Nahestehenden zwingt, ihren Anordnungen Folge zu leisten, indem sie auf die Tränendrüse drückt.

Albert hat seine Mutter nie genügend «gehaßt». Er trägt sie als innere Stimme in sich und ist der Sklave ihrer Mittelmäßigkeit und ihrer starren Maßstäbe. Er hat nie mit ihr gestritten und sich innerlich nie von ihr getrennt, sondern ist in einer unbewußten Identifikation mit ihr befangen geblieben und hat sich von ihren konventionellen Ansichten beherrschen lassen. Damit aber die Schöpferkraft des Gottesreichs in sein Leben eindringen kann, muß der Sohn sich jetzt von der Mutter trennen. Er muß innerlich mit ihr brechen und fähig werden, sich den neurotischen, manipulativen Spielen, durch welche die Mutter ihre Kinder im Griff zu behalten versucht, zu entziehen. Er muß der Möglichkeit eines offenen Konfliktes mit ihr ins Auge sehen; um einer schöpferischen Zukunft willen muß er Wagnisse eingehen und dabei die Mittelmäßigkeit zurückweisen, die er vorher akzeptiert hatte, weil er sich der Mutter stärker verpflichtet gefühlt hatte als dem Reich Gottes.

John und Mary sind ein glücklich verheiratetes junges Paar. Jeder findet im anderen die Erfüllung. Sie lieben sich und freuen sich auf ein gemeinsames Leben, in dem jeder die Bedürfnisse des Partners völlig befriedigt. Doch obgleich die Situation so idyllisch wirkt, treten allmählich Streitigkeiten auf. Beide sind, zu ihrer eigenen Überraschung, sehr erbittert, und keiner kann begreifen, weshalb der andere ihn derart enttäuscht. Es besteht die Gefahr, daß ihre bisherige Liebe sich in harte Vorwürfe verwandelt, die eine Trennung verursachen könnten. Vom bewußten Standpunkt aus hat es lediglich den Anschein, als habe der eine zu wenig Vertrauen zum anderen, als breche der, auf den man seine Hoffnung gesetzt hatte, einem die Treue. Doch vom Standpunkt ihrer inneren Entwicklung aus betrachtet, verhält es sich anders. Man sieht hier das Bild eines Mannes, der seine Seele mit der geliebten Frau identifiziert, und eine Frau, die ihre Erfüllung in der Beziehung zu diesem Mann findet. Jeder erfüllt sich ausschließlich mit Hilfe des anderen, und die Individualität verkümmert.

Bevor es zu einer Individualisierung kommen kann, muß eine psychologische Differenzierung erfolgen. Die unbewußte Identifikation der beiden Partner miteinander muß abgebrochen werden, und jeder muß die eigene Einzigartigkeit erkennen. Die göttliche Forderung, die Erfüllung nicht durch das Versinken in einem anderen Menschen zu suchen, sondern durch Beziehung, die Beziehung zu sich selbst, zum anderen und zu Gott, muß akzeptiert werden. Wenn ein Paar wie John und Mary nicht soviel Bewußtsein aufbringen will, dann zückt das Unbewußte sein Schwert und zwingt dem Paar das auf, was die beiden nicht selbst gesehen haben. Es gibt Streitigkeiten, und es kommt zur Trennung. Wenn das Paar den Sinn erkennt, der dieser Phase ihrer Beziehungen zugrundeliegt, können sie zu einer neuen, realistischeren Bindung gelangen, und beide wachsen durch das Verständnis für die eigne und für des Partners Einzigartigkeit. Wenn sie den Sinn aber nicht erkennen, dann kann nur eine Zurückweisung des anderen (die auch eine Ablehnung der eigenen Person sein wird) die Folge sein.

Der Bruch mit dem Stammesbewußtsein und die Bildung eines individuellen Bewußtseins dürfen nicht mit Egoismus verwechselt werden. Es handelt sich ja nicht darum, daß man nur für sich lebt, sondern daß man fähig wird, echte Beziehungen zu anderen Menschen aufzunehmen, denn jetzt sind wir zum erstenmal wirkliche Einzelpersonen. Der Kreis unserer Beziehungen erweitert sich nun. Wir beschränken unsere Beziehungen nicht mehr ausschließlich auf Menschen unseres eigenen Kreises, unserer eigenen Stammesgruppe, sondern sind imstande, auf Menschen aller Arten und Typen einzugehen. Wir sind nicht isoliert. Im Gegenteil, wir können nun unser insulares Dasein aufgeben und begreifen, was es bedeutet, zur Bruderschaft der Menschen unter einem gemeinsamen himmlischen Vater zu gehören.

Dies ist zum Beispiel besonders wichtig für die gegenwärtige soziale Lage in Amerika, wo das alte Stammesbewußtsein den schwarzen, den braunen und den weißen Mann in jeweils verschiedene Lager treibt*. Nur derjenige, der zu

* In Europa stellt sich das gleiche Problem etwa im Verhältnis zu den fremden Gastarbeitern.

seinem individuellen Selbst gelangt, kann auch die Menschen akzeptieren, die nicht zu seiner Stammesgruppe gehören. Wer sich aber mit dem Kollektiv identifiziert, wird Menschen außerhalb seiner Gruppe leicht als «Feinde» betrachten.

Deshalb ist das folgende Jesus-Wort so wichtig:

«Als er noch zur Volksmenge redete, siehe, da standen seine Mutter und seine Brüder draußen und verlangten, mit ihm zu reden. Er aber antwortete und sprach zu dem, der es ihm sagte: Wer ist meine Mutter und wer sind meine Brüder? Und er streckte seine Hand über seine Jünger aus und sprach: Siehe, *das* sind meine Mutter und meine Brüder! Denn wer den Willen meines Vaters in den Himmeln tut, der ist mir Bruder und Schwester und Mutter» (Mt 12, 46–50; Lk 8, 19–21; Mk 3, 31–35).

Ein Jünger des Gottesreichs zu sein, bedeutet, sich in erster Linie dem Reich verpflichtet zu fühlen und alle anderen Treueverpflichtungen im Leben dieser einen Verpflichtung unterzuordnen. Aber viele Menschen vermögen dieses notwendige Opfer nicht zu bringen. Sie sind mehr von Sentimentalität als von echtem Gefühl bestimmt; sie fühlen sich zwar von den göttlichen Dingen angezogen, können aber ihre Stammeswertvorstellungen nicht aufgeben.

Zum Beispiel kommt jemand zu Jesus und sagt, er möchte ihm gern nachfolgen, doch dann fügt er hinzu:

«Herr, erlaube mir, zuvor hinzugehen und meinen Vater zu begraben.»

Aber Jesus entgegnet:

«Folge mir nach und laß die Toten ihre Toten begraben» (Mt 8, 22; Lk 9, 59–60).

Wir müssen uns die außerordentliche Kindestreue gegenüber den Eltern vor Augen halten, die damals bestand. Der Wunsch des künftigen Jüngers, zu warten, bis er seinen Vater beerdigt hätte, bedeutet nicht unbedingt, daß sein Vater nun tot war und daß man nur noch ein paar Tage bis zur Beerdigung warten müßte. Wahrscheinlicher ist, daß dieser Mann zu Hause bleiben wollte, bis er alle seine Sohnespflichten gegenüber dem alten Vater erfüllt hätte. Dann wollte er kommen und Jesus nachfolgen. Doch die Äußerung Jesu macht deutlich, daß nicht einmal das, was damals als höchste, von Gott gebotene Verpflichtung gegenüber einem Vater galt, einen Menschen von der Forderung des Gottesreichs abhalten durfte. Wenn das Reich Gottes diesen Mann dazu aufrief, Jesus nachzufolgen, dann mußten alle anderen Pflichten geopfert werden. Die Einladung zum Gottesreich hat also Vorrang vor unseren Bindungen gegenüber der Familie, der Kirche oder dem Vaterland. Jede andere Verpflichtung muß zurückstehen hinter der Verpflichtung, unserem inneren Weg zu folgen.

Dieser Abbruch der unbewußten Identifikation mit Personen oder Gruppen bringt oft ein schmerzhaftes Gefühl der Einsamkeit und Verwirrung mit sich. Wir können uns nicht mehr mit äußeren Faktoren identifizieren. Wir sind nicht mehr einfach festzulegen, etwa als Angehörige einer bestimmten Kirche, als jemand, der eine bestimmte Position bekleidet oder mit irgendwelchen Leuten in Beziehung steht. Jetzt treten wir uns selber nackt gegenüber. Dies spiegelt sich oftmals in Träumen wider, in denen wir ganz allein auf einer langen Straße gehen, mühsam durch eine Wüste ziehen, in einem kleinen Boot auf dem Meer segeln oder Fremde beobachten, die an uns vorbeigehen. Oder in einer anderen Szene tragen alle Leute bestimmte

Uniformen, nur wir «tanzen aus der Reihe» und fallen durch irgendeine komische Kleidung auf. Diese Isolation bedeutet den Beginn von Beziehungen zu Menschen, nicht das Ende. Aber die künftigen Beziehungen müssen echt sein und dürfen nicht auf gegenseitiger Identifikation oder Maskenspiel beruhen. Und weil es ziemlich wenig Menschen gibt, die bereit sind, eine echte Mensch-zu-Mensch-Beziehung aufzunehmen, mag man sich bei der Entdeckung seiner Individualität zunächst einsam vorkommen. Bei Matthäus lesen wir:

«Und ein Schriftgelehrter trat hinzu und sagte zu ihm: Meister, ich will dir nachfolgen, wohin du auch gehst. Und Jesus sagte zu ihm: Die Füchse haben Gruben und die Vögel des Himmels Nester; der Sohn des Menschen dagegen hat nichts, wo er sein Haupt hinlegen kann» (Mt 8, 19–20; Lk 9, 57–58).

Dies ist das Bild des geistigen Wanderers, der nichts hat, «wo er sein Haupt hinlegen kann», keinen irdischen Bezugspunkt, mit dem er sich identifizieren kann. Doch ein solcher Mensch kann sich jetzt als ein Sohn Gottes erfahren. Da er sich nicht mehr mit der kollektiven Welt identifiziert, kann er zum erstenmal erleben, was Gottessohnschaft bedeutet.

Im Johannes-Evangelium sind die Pharisäer entsetzt darüber, daß Jesus sich selbst als «Sohn Gottes» bezeichnet. Aber Jesus erklärt ihnen:

«Steht nicht in eurem Gesetz geschrieben: ‹Ich habe gesagt: Ihr seid Götter›?» Das Gesetz hat also «jene Menschen Götter genannt, an die das Wort Gottes erging» (Joh 10, 34). Es mag blasphemisch klingen, aber wir sollen Söhne Gottes werden. Psychologisch wird das möglich, wenn das Bewußtsein nicht mehr im Kollektiv befangen ist, sondern

Bewußtsein soll nicht mehr im Kollektiv befangen sein!

in direkter Beziehung zu den archetypischen, lebenspendenden und numinosen Inhalten der Innenwelt steht. Dann erlebt man die Innenwelt als das Feuer, den Sturm oder das helle Licht – Symbole, die häufig in solchen Träumen erscheinen, die mit einem Zeitpunkt unserer Entwicklung zusammenfallen, zu dem eine derartige Sohnschaft möglich ist.

Die Forderungen des Gottesreichs nach Beharrlichkeit, klarer Entscheidung, Hingabe und nach Ablösung der Gruppenidentifikation sind streng, aber die Belohnung dafür ist entsprechend groß. Ein Individuum zu werden ist mühsam, aber der Lohn ist reichlich. Wenn wir in direktem Kontakt zur Innenwelt stehen und echte Beziehungen von Mensch zu Mensch pflegen, erkennen wir das geistige Erbe jener, die in das Reich Gottes eingehen. Gleichzeitig wird uns auf überwältigende Weise der einzigartige Wert klar, den unser Leben in den Augen Gottes hat.

Das Christentum ist die Religion des Personalen. Es ist die große Bestätigung des Menschen, der seinen hohen Rang im Universum direkt von Gott bekommen hat. Der individuelle Mensch ist der Gemeinschaft mit Gott fähig, und seine Person ist auf ewig geheiligt, weil Gott selbst durch Christus den Menschen aufgesucht hat. Im Christentum ist Gott nicht fern vom Menschen und nicht teilnahmslos. Unglaublicherweise sehnt sich Gott danach, den Menschen wieder zur Ganzheit zurückzuführen, und beobachtet aufmerksam jeden einzelnen.

«Verkauft man nicht zwei Sperlinge für fünf Rappen? Und nicht einer von ihnen wird ohne Zutun eures Vaters auf die Erde fallen. Aber auch die Haare eures Hauptes sind alle gezählt. Darum fürchtet euch nicht! Ihr seid mehr wert als viele Sperlinge» (Mt 10, 29–31).

Der Wert der Personalität ist ein auffallendes Merkmal unseres Innenlebens. Er enthüllt sich in der Traumanalyse, in der augenfällig wird, daß in uns eine schöpferische Intelligenz am Werk ist, die unsere Einzigartigkeit zum Vorschein zu bringen sucht. Daher habe ich in meinem vorigen Buch die Träume als «Gottes vergessene Sprache» bezeichnet. Dieser Aspekt des Christentums ist zu lange unbeachtet geblieben. Dadurch, daß die traditionelle Theologie ausschließlich auf dem Sündenfall des Menschen beharrte und immer wieder betonte, daß der Mensch Gott gehorsam sein und aus dem Zustand des Gefallenseins zu einer Art Makellosigkeit zurückgeführt werden müsse, ist ihr die Bedeutung des Reiches Gottes entgangen. Denn das Gottesreich ist nicht Gehorsam, sondern schöpferisches Leben; es ist nicht die Wiederherstellung eines früheren primitiven Zustandes, aus dem der Mensch herausgefallen ist, sondern es bedeutet Wiedervereinigung auf einer viel höheren Ebene.

Dieser hohe Anspruch mag vielleicht sogar erschreckend oder furchterregend wirken. So war es bei einer Frau, die im Traum eine schöne Rose auf einem Tisch in einem Zimmer stehen sah und sich fragte, wem die wohl gehören mochte. Als ihr klarwurde, daß die Rose für sie bestimmt sei, kam ihr das erschreckend und blasphemisch vor, und voller Angst wachte sie auf. Die Rose stellte die Erfüllung dar, die Ganzheit, die ausschließlich diese Frau anging. Es schien ihr blasphemisch, daß etwas so Einzigartiges und Schönes für ihre schuldbeladene Seele bestimmt sein sollte. Aber Jesus sagt ganz deutlich:

«Wer immer nun sich zu mir bekennt vor den Menschen,

zu dem werde auch ich mich bekennen vor meinem Vater in den Himmeln» (Mt 10, 32).

Hier geht es um mehr als um Zeugnis für Christus in der menschlichen Gemeinschaft. Wenn ein Mensch sich für Christus entscheidet, erkennt er sein ganzes Leben als gottgegeben und einzigartig schöpferisch an. Ein solches persönliches Leben bringt höchsten Gewinn und wird als «himmlisch» empfunden, das heißt, es beeinflußt den Verlauf der geistig-seelischen Entwicklung.

Das Alte Testament betonte, welch großen Wert Gott auf das israelische Volk legte. Orientalische Religionen hoben hervor, daß der Mensch durch ein verinnerlichtes Leben der Meditation und der Weltentsagung wieder in der Gottheit aufgehen könnte. Doch Jesus erklärte, daß Gott den *einzelnen* geschaffen habe, seine Erfüllung wünsche und danach verlange, sich mit ihm zu verbinden. Für Jesus gibt es kein erneutes Verschmelzen des Menschen mit dem Göttlichen, sondern er bestätigt den Menschen in seiner Ganzheit. Aus diesem Grunde ist das Christentum, obgleich es mystische Elemente und die Vision der Einheit enthält, nicht in erster Linie eine mystische, sondern eine psychologische Religion. Nicht die Versenkung in Gott, sondern die Erfüllung des menschlichen Wesens und die Beziehung zu Gott sind Ziel des Christentums.

Die einzigartige Anerkennung des Wertes individuellen Lebens zeigt sich, zum Beispiel, sehr deutlich in den Worten, die Jesus über den Menschen und den Sabbat zu den Pharisäern sagt. Immer wieder verärgert Jesus die Pharisäer, indem er am Sabbat Kranke heilt. Dies bedeutete einen Bruch des religiösen Gesetzes; es war eine Verletzung des Sabbat-Gebotes, das für das höchste Gebot Gottes gehalten wurde. Aber Jesus macht deutlich, daß dem himmlischen

Vater die Menschen wichtiger sind als die Regeln, daß religiöse Gebote und Institutionen zum Wohle des Menschen da sind, nicht umgekehrt. Als er am Sabbattage einen Menschen mit einer abgestorbenen Hand geheilt hat und deswegen von den Pharisäern zur Rede gestellt wird, sagt er:

«Welcher Mensch ist unter euch, der ein Schaf hat und, wenn es am Sabbat in eine Grube fällt, es nicht ergreift und herauszieht? Wieviel mehr wert ist nun ein Mensch als ein Schaf! Somit darf man am Sabbat Gutes tun» (Mt 12, 11–12; Lk 6, 9–10; Mk 3, 4).

Hier geht es nicht nur darum, daß ein Mensch wichtiger ist als ein Schaf, sondern daß jeder Mensch nur *einer von seiner Art* ist. Denn er sagt:

«Welcher Mensch ist unter euch, der *ein* Schaf hat...»

Gott hat von jedem menschlichen Wesen nur *eins*, und das ist ihm wichtiger als alles andere. Deshalb kann Jesus auch sagen:

«Der Sabbat ist um des Menschen willen geschaffen worden und nicht der Mensch um des Sabbat willen. Somit ist der Sohn des Menschen Herr auch über den Sabbat» (Mk 2, 27–28; Mt 12, 8; Lk 6, 5).

Die Jüngerschaft enthält also ein Paradox. Es sieht so aus, als sei es sehr schwierig, um des Gottesreichs willen ein Jünger zu sein. Wir werden dabei zu Entscheidungen und zu äußerster Hingabe aufgefordert. Wir dürfen keine anderen Werte im Leben höher einschätzen als den Aufruf zur Bewußtheit. Die Aufforderung zur Jüngerschaft ist wie ein Schwert: Es trennt uns von anderen, es zwingt uns auf einen Weg der wachsamen Spannung, es kommt daher wie ein Feuer. Doch gleichzeitig ist der Weg des Himmelreichs der einfache Weg, weil er der Weg der Erfüllung ist; und die Gebote, die Christus uns auferlegt, erweisen sich als leicht erfüllbar, wenn wir sie erst einmal akzeptiert haben. Denn es ist immer besser, bewußt zu werden, als im Unbewußten befangen zu bleiben; willig die Forderungen anzunehmen, die das Gottesreich den Jüngern stellt, statt das Gottesreich in unserem Leben negativ, als feindliche Macht, zu erfahren. Denn diejenigen, die das Gottesreich ablehnen, die sich vom Weg des Bewußtseins abwenden, entgehen dennoch den Forderungen des Gottesreichs nicht. Diese werden allerdings nur als negativ erlebt, und was Erfüllung sein könnte, wird Zerstörung. Von denen, die Jünger werden, sagt Jesus:

«Nehmet mein Joch auf euch und lernt von mir, denn ich bin sanftmütig und von Herzen demütig; so werdet ihr Ruhe finden für eure Seelen. Denn mein Joch ist sanft und meine Last ist leicht» (Mt 11, 29–30).

Dieses Paradox verstehen wir leichter, wenn wir das Bild, das Jesus verwendet, mit unserer Kenntnis des Unbewußten in Zusammenhang bringen. Das Unbewußte ist wie ein schweres Gewicht, wenn es uns in einer Weise anspricht, die wir nicht begreifen. Wer keine Beziehung zu seiner unbewußten Welt hat, wird zwar von ihr betroffen, erlebt sie aber negativ, als unerklärliche Last. Diese Schwere der ungeklärten Innenwelt wird in Träumen durch ein bekanntes Motiv angedeutet: Man will weglaufen, kann aber nicht, oder man kann sich nur sehr mühsam von der Stelle bewegen, als wäre man von äußerster Trägheit befallen. Andererseits kann die Innenwelt, wenn sie bewußt erfahren wird, dem Bewußtsein ein erstes Erlebnis der Freiheit geben. Den inneren Bereich zu kennen, bedeutet, von seiner bedrückenden Schwere frei zu sein und seine schöpferische Kraft zu erfahren. In dieser schöpferischen Kraft liegt unsere Freiheit. Was uns einst belastete, gibt uns jetzt Stärke; in unseren Träumen können wir nun vielleicht sogar einen steilen Aufstieg mit Leichtigkeit bewältigen. Das Joch Christi ist das Joch der Bewußtwerdung. Dieses Joch ist eine Last und stellt, wie wir gesehen haben, Forderungen an uns; aber auf die Dauer gesehen, ist es eine leichte Last, und der, dem wir jetzt dienen, ist sanftmütig und von Herzen demütig. Wir entdecken, daß im Dienst für diesen Einen die vollkommene Freiheit liegt.

VIERTES KAPITEL

Der Pharisäer in uns

Ein Grund dafür, daß die Forderungen des Gottesreichs sowohl schwer als auch leicht zu erfüllen sind, ist die Notwendigkeit, die äußere, pharisäische Maske abzustreifen. Die Maske ist die Person, die zu sein wir vorgeben – das falsche äußere Wesen, das wir der Welt zeigen, das aber im Gegensatz zum inneren Wesen steht. Die Maske ist das, was unsere wirklichen Gedanken und Gefühle verbirgt; wir benutzen sie derart gewohnheitsmäßig, um uns vor anderen und vor uns selbst zu verstecken, daß wir sie schon gar nicht mehr bemerken.

Diese äußere Maske hat insofern ihre Berechtigung, als wir sie zu einem gewissen Grad für unsere Tätigkeiten in der Welt benötigen. Der destruktive Aspekt der Maske ist unsere Neigung, uns damit zu identifizieren, zu glauben, daß wir die Person *sind*, die zu sein wir vorgeben; dadurch aber bleiben wir über unser wirkliches Selbst im unklaren. Weil wir uns mit unserer äußeren Hülle identifizieren und die innen verborgenen Gefühle und Gedanken übersehen, entsteht eine Kluft zwischen Schein und Sein. Wir *sind* nicht mehr der, der wir zu sein *scheinen*, so daß eine gewisse Falschheit von uns Besitz ergriffen hat.

Das vermindert unsere schöpferische Kraft. Indem wir uns eine falsche äußere Gestalt zulegen, geraten wir in einen lähmenden inneren Widerspruch, der einen großen Teil unserer Energie verschlingt. Wie bei einem Volk, dessen Hauptenergien durch Truppenstationierungen gegen einen Feind aufgezehrt werden, so verbrauchen wir sehr viel Energie damit, den falschen Schein aufrechtzuerhalten und die inneren Kräfte, die im Widerspruch dazu stehen und ihn enthüllen könnten, in uns zurückzuhalten; das Ergebnis ist dann geistige und seelische Stagnation.

Wenn wir gern zum Gottesreich gehören wollen, muß diese falsche äußere Fassade fallen. Wir müssen aufhören, uns mit einer Maske zu identifizieren, und die Kluft zwischen Schein und Sein muß schrumpfen. Wir müssen es wagen, wir selbst zu sein und dürfen uns nicht länger hinter einer Schauseite verstecken. Nur dann kann die Falschheit überwältigt werden und ein echtes Selbst, das für das Gottesreich bereit ist, zum Vorschein kommen.

Dieses Abstreifen der Maske ist der wichtigste Punkt in den Lehren Jesu gegen das Pharisäertum. Jesus trat den Pharisäern vor allem deswegen entgegen, weil viele von ihnen Masken trugen – sie verbargen sich – und, weil sie selber falsch waren, Menschen in die Irre führten. Im Hinblick auf diese Pharisäer benutzt Jesus die Bezeichnung «Heuchler» und sagt:

«Wenn du nun Almosen gibst, so laß nicht vor dir herposaunen, wie die Heuchler tun in den Synagogen und auf den Gassen, damit sie von den Leuten gepriesen werden» (Mt 6, 2). An anderer Stelle weist er die Pharisäer, die bemängelt hatten, daß er an einem Sabbat eine verkrüppelte Frau heilte, zurecht:

«Ihr Heuchler, bindet nicht jeder von euch am Sabbat seinen Ochsen oder seinen Esel von der Krippe los und führt ihn zur Tränke? Diese aber, eine Tochter Abrahams, die der Satan, siehe, achtzehn Jahre lang gebunden hielt, mußte sie am Sabbattag nicht von dieser Fessel befreit werden?» (Lk 13, 15–16).

Das Wort «hypokritos», das Jesus für «Heuchler» verwendet, bedeutet auch «Schauspieler», und ein Schauspieler zur Zeit Jesu trug tatsächlich eine Maske, die seine Rolle kennzeichnete. Der Heuchler, der Hypokrit, war also der Maskenträger, derjenige, der nicht echt war, sondern im Leben eine bestimmte Rolle spielte. In dem Ausspruch über Almosen wollen die Heuchler die Rolle bedeutender, großzügiger Menschen spielen. Sie wollen die Bewunderung der Menschen gewinnen, um sich in selbstgefälliger Weise aufblasen zu können. Wenn sie die Rolle menschenfreundlicher, freigebiger Leute spielen, hat es den Anschein, als wollten sie anderen wirklich helfen. Ihr tatsächliches Motiv ist aber Selbstsucht und der Wunsch, nach außen hin einen guten Eindruck zu machen. Das Äußere und das Innere widersprechen einander also, und Schein und Sein stimmen nicht überein.

Daß Jesus diese Fassade durchschaute, ärgerte die Pharisäer mehr als alles andere und machte die meisten von ihnen zu seinen Feinden. Hier zeigt sich, daß Jesus geistige Sünden viel ernster nahm als fleischliche. Was die Sünden des Fleisches betraf, so waren die Pharisäer tugendhafte Leute. Aber eine Maske zu tragen, ist eine Sünde des Geistes, die sehr viel gefährlicher ist als eine fleischliche, weil sie die Seele trifft. In seinen berühmten sieben Weherufen berührt Jesus daher direkt die geistig-seelische Verdorbenheit der Pharisäer. Wie ein Arzt legt er ihre Herzen bloß:

«Wehe euch, ihr Schriftgelehrten und Pharisäer, ihr Heuchler, daß ihr die Außenseite des Bechers und der Schüssel reinigt; inwendig aber sind sie gefüllt mit Staub und Unmäßigkeit . . . daß ihr geweißten Gräbern gleich seid, die auswendig schön scheinen, inwendig aber voll von Totengebeinen und allem Unrat sind . . .» (Mt 23, 25, 27; Lk 11, 39–40).

Um die gewaltige Wirkung dieser Worte Jesu über die Pharisäer richtig zu erfassen, müssen wir uns daran erinnern, daß diese Männer vom Volk für die vollkommensten Beispiele dafür gehalten wurden, wie Gott sich die Menschen wünschte. Sie galten als *die* angesehenen, tugendhaften Personen in der Gesellschaft, und jetzt verglich Jesus sie mit Gräbern voller Unrat und schmutzgefüllten Bechern! Dadurch schockierte er die Volksmenge. Und schlimmer noch: Er riß den Pharisäern die Maske von den Gesichtern und stellte sie vor sich selber bloß. Das wurde ihm niemals verziehen, denn niemand wird mehr gehaßt als der, der uns die Fassade wegreißt, hinter der wir uns versteckt haben.

Doch diese Aufgabe mußte erfüllt werden, denn die Ethik des Reiches Gottes kann keine Falschheit akzeptieren. Nur eine echte Persönlichkeit, einerlei, wie sündhaft oder zweifelhaft ihr Leben sein mag, kann in das Himmelreich eingehen. Das Gottesreich erfordert eine Tiefenmoral, die durch die äußere Hülle des Menschen zu seinem Herzen dringt. Deshalb sagt Jesus in der Bergpredigt zu der erstaunten Volksmenge:

«Wenn eure Gerechtigkeit nicht besser ist als die der Schriftgelehrten und Pharisäer, werdet ihr nicht in das Reich der Himmel kommen» (Mt 5, 20).

Ich sage ausdrücklich «erstaunt». Die Vorstellung, daß die Sittlichkeit tiefer gehen müsse als diejenige der Schriftgelehrten und Pharisäer, die als moralische Musterknaben auftraten, muß für die Menschen, die die Worte Jesu hörten, zutiefst beunruhigend und verwirrend gewesen sein. Jesus kann dies mit gutem Recht sagen, weil er weiß, daß ein Mensch sowohl aus einem inneren Selbst als auch aus einer äußeren Fassade besteht, und daß nur eine *Ethik, die bis ins Innerste reicht – das heißt eine Ethik des Bewußtseins –, für das Gottesreich bereitmacht.*

Ein Mensch kann sich als jemand darzustellen versuchen, der er nicht ist, und sich bei diesem Täuschungsversuch auf seine Maske verlassen; aber da ist immer noch das Unbewußte, «das Herz» oder der innere Mensch, und der bleibt von der äußeren Lüge unberührt. Zu den Pharisäern sagt Jesus:

«Ihr seid es, die sich selbst als gerecht hinstellen vor den Menschen, aber Gott kennt eure Herzen; denn was bei den Menschen als etwas Hohes gilt, das ist ein Greuel vor Gott» (Lk 16, 15).

Das «Herz» des Menschen ist ein Synonym für das Unbewußte. Es ist die Innenwelt des Menschen, die Gedanken, Gefühle und Vorstellungen enthält, durch welche er, obwohl sie ihm nicht bewußt sind, zutiefst beeinflußt wird und die sein wahres Wesen ausmachen. Der Mensch, der sein «Herz» ernst nimmt, gelangt am Ende ins Himmelreich, denn wenn wir die Innenwelt bewußt akzeptieren, wird die Ganzheit erreichbar. Wie schon in der Einführung erwähnt, ist es dieser Bereich des Herzens, den der Prophet Daniel meinte, als er König Nebukadnezzar erklärte, daß sein Traum enthüllt worden wäre.

«Damit dem König die Deutung kundwürde und du die Dinge erführest, mit denen deine Gedanken beschäftigt waren» (Dan 2, 30).

Weil das menschliche Herz eine Realität ist, wirkt das pharisäische Verhalten so zerstörerisch auf jemanden, der ins Gottesreich gelangen will. *Der größte Irrtum des Menschen ist die Meinung, er könne dem Unbewußten ausweichen* und die sittlichen Probleme des Lebens durch rechtschaffene äußere Verhaltensformen oder durch eine Moral des Gehorsams lösen. Doch das ist nutzlos, denn Gott sieht dem Menschen ins Herz; unbarmherzig dringt sein Blick in den hintersten Winkel der Seele. Der Psalmist rief aus:

«Herr, du erforschest mich und kennest mich,
du verstehst meine Gedanken von ferne.
Ja, es ist kein Wort auf meiner Zunge,
das du, o Herr, nicht wüßtest.
Wohin soll ich gehen vor deinem Geiste?
Wohin soll ich fliehen vor deinem Angesicht?» (Ps 139, 1. 2. 4. 7).

Der Gott, den Jesus verkündet, ist der Gott, der in alle Herzen sieht, alle Wünsche kennt und vor dem es keine Geheimnisse gibt. Nichts kann vor ihm verborgen werden, wie Jesus sagt, als er seine Jünger vor den Pharisäern warnt:
«Hütet euch vor dem Sauerteig, das heißt vor der Heuchelei der Pharisäer. Nichts aber ist verhüllt, was nicht enthüllt werden wird, und verborgen, was nicht bekannt werden wird. Deswegen wird alles, was ihr im Dunkeln gesagt habt, im Licht gehört werden, und was ihr in den Kammern ins Ohr geredet habt, wird auf den Dächern gepredigt werden» (Luk. 12, 1–3).
Denn dies ist der Gott, «der ins Verborgene sieht» (Mt 6–4).
Mit dem Herunterreißen der Maske, die wir getragen ha-

ben, und mit der Bloßstellung dessen, was innen verborgen war, kommen wir zum Kern der Ethik des Gottesreichs. *Die Ethik des Gottesreichs ist eine von Grund auf neue Ethik, weil sie auf dem inneren Menschen beruht und auch in Betracht zieht, was im «Herzen» des Menschen ist. Sie ist auf Bewußtheit gegründet, denn nur der Mensch, der seines ganzen Selbst bewußt ist und dem das eigene «Herz» nicht verborgen ist, kann eine höhere Sittlichkeit erreichen als die der Schriftgelehrten und Pharisäer.* Alles andere ist Fassade und versperrt den Weg zum Himmelreich.

Wie alle Einsichten Jesu, so hat auch sein Blick hinter die pharisäische Maske sowohl für den sozialen Bereich als auch für die eigene Entwicklung des Individuums seine Konsequenzen. Heute werden wir offenbar Zeuge dafür, wie eine ganze Generation gewahr wird, daß viele Wertvorstellungen der vorigen Generation heuchlerisch gewesen sind. Junge Leute weisen oft darauf hin, daß die «Väter» unserer Zeit zwar die Gewaltanwendung verschiedener Gruppen schnell verdammen und zu beenden suchen, andererseits aber Gewalt als Mittel nationaler Politik gegenüber farbigen Rassen in anderen Ländern gutheißen. Vielen jungen Menschen scheint es ein augenfälliger Widerspruch zu sein, daß der Gebrauch bestimmter relativ harmloser Drogen ein Kapitalverbrechen darstellt, betrunkene Autofahrer dagegen so gut wie straflos davonkommen und für todbringende Zigaretten mit Millionenbeträgen Werbung getrieben wird. Und sie erkennen sehr deutlich, daß die demokratischen Ideale, für die man offiziell eintritt und die man hochlobt, oftmals mit ganz erheblicher Diskriminierung Hand in Hand gehen. Das Resultat ist eine zornige Generation, die die Maske herunterreißen will und «sagen, wie es wirklich ist». Andererseits ist die junge Generation so vergeßlich in bezug auf eigenes Versagen wie sie aufmerksam in bezug auf die Fehler der Älteren ist. So ergibt sich keine Rettung, sondern eine Dualisierung der sozialen Kräfteordnung, die im Unbewußten jedes Menschen enthalten ist. Eine ältere Generation, die zu unbewußtem Pharisäertum tendiert, klammert sich an ihre Ordnungsvorstellungen; ihr steht eine dionysische junge Generation gegenüber, die eifrig darauf bedacht ist, Masken herunterzureißen, aber manchmal nur Chaos und keine wirkliche Reform anzubieten hat. Obwohl dies natürlich eine vereinfachte Darstellung verwickelter sozialer Vorgänge ist, veranschaulicht es doch die Art und Weise, wie die Konflikte des Individuums sich im sozialen Bereich konkretisieren.

Wir sind jetzt in der Lage zu erkennen, weshalb das Streben nach Wohlstand und weltlicher Macht so bedrohlich für die Beziehung eines Menschen zum Gottesreich ist. Zum Teil ergibt sich die Gefahr aus dem Konflikt zwischen der Hingabe an weltlichen Profit und der Hingabe an geistig-seelische Ziele:

«Kein Knecht kann zwei Herren dienen; denn entweder wird er den einen hassen und den andern lieben, oder er wird dem einen anhangen und den andern verachten. Ihr könnt nicht Gott dienen und dem Mammon» (Lk 16, 13).

Das gleiche Thema wird in der Geschichte (Lk 18, 18–23; Mt 19, 16–22; Mk 10, 17–22) vom reichen Jüngling behandelt, der Jesus fragte:

«Guter Meister, was muß ich tun, damit ich das ewige Leben erwerbe?»

Jesus empfahl ihm, die Gebote zu befolgen, aber der junge Mann entgegnete:
«Dies alles habe ich gehalten von Jugend auf.» Als Jesus merkt, daß hier ein Mensch ist, der sich nur mit den höchsten geistigen Zielen – das heißt mit dem Eintritt in das Reich Gottes – zufriedengeben wird, erklärt er:
«Eins mangelt dir noch: Verkaufe alles, was du hast, und verteile es an Arme, so wirst du einen Schatz in den Himmeln haben; und komm, folge mir nach! Der aber wurde tief betrübt, als er dies hörte; denn er war sehr reich» (Lk 18, 22–23).
Hier sehen wir den Konflikt zwischen zwei Verpflichtungen. Ein Mensch, der das Reich Gottes sucht, kann die weltlichen Ziele nicht seinen geistigen Zielen überordnen. Er muß der Welt geben, was ihr gebührt, und «dem Kaiser, was des Kaisers ist, und Gott, was Gottes ist» (Mt 22, 21). Wo ein Loyalitätskonflikt entsteht, muß immer die Treueverpflichtung gegenüber der geistig-seelischen Realität an erster Stelle stehen. Doch diesem Loyalitätskonflikt liegt das Problem der Maske zugrunde, wie aus der Schlußfolgerung der obigen Geschichte hervorgeht.
Wir haben bereits den folgenden Ausspruch Jesu in unserer Unterhaltung über das Reich Gottes als Entdeckung innerer Werte bezeichnet. Wenn wir uns noch einmal darauf beziehen, erkennen wir jetzt deutlicher, in welcher Weise der Besitz von Reichtum unser Streben nach den wahren Werten des Gottesreichs bedroht:
«Als ihn aber Jesus sah, sprach er: Wie schwer kommen die Begüterten in das Reich Gottes! Denn es ist leichter, daß ein Kamel durch ein Nadelöhr geht, als daß ein Reicher in das Reich Gottes kommt. Da sagten die, welche es gehört hatten: Wer kann dann gerettet werden? Er aber sprach:

Was unmöglich ist bei den Menschen, ist möglich bei Gott» (Lk 18, 24–27; Mt 19, 23–26; Mk 10, 23–27).

Kommentatoren sind oft im unklaren über die Anspielung auf das Kamel, das durch ein Nadelöhr geht. Manche vermuten, das «Nadelöhr» sei ein besonders enges Tor in Jerusalem gewesen. Andere meinen, das Wort «Kamel» könnte im aramäischen Originaltext die Bezeichnung für «Seil» gewesen sein. Derartige Versuche, die Kraft der Worte Jesu abzumildern, sind unnötig; denn Jesus selbst macht klar, daß es für Reiche zwar schwierig, aber nicht unmöglich ist, in das Reich Gottes zu gelangen. Tatsächlich gab es wohlhabende Leute, die Jesus nachfolgten, so zum Beispiel Joseph von Arimathea, ein Mann, dessen Reichtum einem guten Zweck diente, denn da er wohlhabend war, besaß er auch eine Grabstätte, in die der Leib Jesu gebettet werden konnte.

Reichtum ist nicht deshalb bedrohlich, weil er automatisch den Besitzenden vom Himmelreich ausschlösse, sondern weil er die Maske außerordentlich verstärkt und das Ego aufbläht. Weil Reichtum dem Menschen ein Gefühl von Macht, Einfluß und Achtung bei den Leuten verschafft, läßt sich schwer die innere Demut und das Zugeständnis geistig-seelischer Bedürfnisse erreichen, die notwendige Voraussetzungen für eine echte Persönlichkeit sind. Wie jeder Berater weiß, können wohlhabende Leute sich ihre Neurosen, ihre Alkoholsucht oder irgendwelche Scheinkrankheiten sehr viel länger leisten als solche Menschen, die nur mit Mühe ihren Lebensunterhalt verdienen. Wohlstand wird leicht zu einer Säule, hinter der eine hohle, feindselige oder egozentrische Person lauert. Dennoch ist es nicht der Besitz als solcher, der unsere Beziehung zum Gottesreich stört, sondern die Unkenntnis seiner möglichen Gefahren.

Die Zuhörer sind wirklich schockiert von dem, was Jesus über den Reichtum sagt. «Wer kann dann gerettet werden?» fragen sie. Nach den Vorstellungen der damaligen Zeit galt, wie wir bereits gesehen haben, der Besitz von Reichtum und Vermögen als ein Zeichen der Gunst Gottes. Gemäß einer Einstellung, die mindestens so alt war wie das Buch Hiob, nahm man an, daß Gott als der Gerechte die Rechtschaffenen segnete und die Ungerechten heimsuchte – eine Einstellung, die wenig zu sozialer Gerechtigkeit beitrug. Wenn also die Wohlhabenden nicht gerettet würden, wer könnte dann gerettet werden? Wiederum sehen wir, wie radikal Jesus mit den Kollektivvorstellungen seiner Zeit aufräumte. Er sah, was im Menschen war, ging den Dingen auf den Grund und überwand dadurch die eingefahrenen Verhaltensweisen seiner Zeitgenossen.

Die Identifikation mit der Maske bewirkt unseren Ausschluß vom Reich Gottes. Das Opfern der Maske dagegen – also die Bereitschaft, das Risiko der Selbstwerdung auf sich zu nehmen – ermöglicht die Rettung. Dies wird sehr schön veranschaulicht in der Geschichte von Zachäus.
Zachäus war Oberzöllner und ein reicher Mann. Zöllner wurden reich, weil die Römer ihnen gestatteten, alles Geld zu behalten, was sie über eine bestimmte Summe hinaus einnehmen konnten. Natürlich wurden dadurch Erpressung und unbarmherzige Ausnutzung begünstigt und skrupellose Männer davon angelockt, die allerdings beim Volk als die gemeinsten Sünder galten und entsprechend verachtet wurden. Ein solcher Mann war Zachäus. Aber irgend etwas hatte Zachäus aufgerüttelt; und als Jesus in sein Dorf kam, wollte er diesen sehen, konnte es aber nicht, weil sich

eine große Menschenmenge versammelt hatte und er von kleinem Wuchs war. Um einen Blick auf Jesus werfen zu können, mußte Zachäus auf eine Sykomore (Maulbeerfeigenbaum) klettern, und dort sah ihn Jesus.

«Zachäus, steig eilends herab! Denn heute muß ich in deinem Hause bleiben. Und er stieg eilends herab und nahm ihn mit Freuden auf» (Lk 19, 5–7).

Die Umstehenden waren entsetzt, daß Jesus sich mit einem solchen Mann einließ. Wieder müssen wir uns klarmachen, wie schockierend das Verhalten Jesu in den Augen der Leute war. Viele rechtschaffene Menschen hätten Jesus gern an jenem Abend bei sich zu Hause aufgenommen, doch er hatte es vorgezogen, sich in aller Öffentlichkeit den schlimmsten Sünder des Dorfes als Gastgeber auszusuchen.

In den Geschichten der Evangelien sind alle Details von Bedeutung. Eine besondere Einzelheit in dieser Geschichte und gleichzeitig ein Schlüssel zur Interpretation ist der Maulbeerfeigenbaum, der – wie K. C. Pillai schreibt – nicht unserer Sykomore im Westen entspricht, sondern ein gewöhnlicher, gemeiner Baum ist, der so gering geachtet wurde, daß es geradezu als unehrenhaft galt, mit ihm in Berührung zu kommen. Damit, daß Zachäus ganz öffentlich auf den Maulbeerfeigenbaum kletterte, gab er seine äußere Maske völlig auf. Er demütigte sich vor aller Öffentlichkeit, weil er so begierig war, diesen Mann Gottes zu sehen. Jesus, der ihn auf dem Baum sitzen sah, wußte, daß dieser Mensch für das Gottesreich bereit war. Nachdem Zachäus gelobt hatte, die Hälfte seines Besitzes den Armen zu schenken und alles zurückzugeben, was er erpreßt hatte, konnte Jesus ihm deshalb sagen:

«Heute ist diesem Hause Heil widerfahren, wie denn auch er ein Sohn Abrahams ist. Denn der Sohn des Menschen

ist gekommen, um das Verlorene zu suchen und zu retten» (Lk 19, 9–10).
In unseren Träumen wird der Verlust der Maske manchmal als Nacktheit dargestellt. Wenn wir träumen, wir ständen nackt vor anderen da, kann es sein, daß wir unsere Fassade verloren haben, so daß wir psychisch nackt und bloß sind. Unter den Menschen «nackt» leben zu können, ohne uns auf etwas Äußeres verlassen zu müssen, bringt uns dem Gottesreich nahe, wie aus einem interessanten Vers des apokryphen Thomas-Evangeliums hervorgeht:
«Seine Jünger sagten: Wann wirst du dich uns offenbaren und wann werden wir dich sehen? Jesus antwortete: Wenn ihr eure Kleidung auszieht, ohne euch zu schämen, und wenn ihr eure Kleider unter eure Füße legt wie kleine Kinder und darauf tretet, dann werdet ihr den Sohn des Lebendigen sehen und werdet euch nicht fürchten» (Evangelium des Thomas, Logion 37).
Diese Anspielung auf die Nacktheit kleiner Kinder hilft uns verstehen, weshalb Jesus im Zusammenhang mit denen, die in das Reich Gottes eingehen, so oft von kleinen Kindern spricht. Als die Jünger verhindern wollten, daß kleine Kinder zu Jesus kamen, sagte er:
«Lasset die Kinder zu mir kommen und wehret es ihnen nicht! Denn solchen gehört das Reich Gottes» (Mt 19, 14; Lk 18, 16; Mk 10, 14).
Kleine Kinder tragen keine Maske. Erst wenn eine Erwachsenenwelt sie ihnen aufzwingt, indem sie eine Seite ihres Charakters lobt, die andere mißbilligt, lernen Kinder, sich eine falsche Fassade zuzulegen und ihre wahren Gefühle zu verbergen. Kleine Kinder sind noch spontan und drükken direkt aus, was sie empfinden, ohne heuchlerische Absicht, einen gewünschten Effekt hervorzurufen. Dies ist

eines von mehreren Merkmalen des kleinen Kindes, die der Erwachsene auf ihm gemäße Weise kultivieren muß, wenn er zum Himmelreich gehören will.

Aus denselben psychologischen Gründen, die wir besprochen haben, verdammt Jesus das Schwören. Ein Schwur ist nur dann notwendig, wenn der innere Mensch dem äußeren widerspricht. Ein Schwur verstärkt das, was wir nach außen hin versprochen oder zugesichert haben, aber er ist nur dann nötig, wenn wir uns im Zustand des Widerspruchs befinden. Doch für einen Angehörigen des Gottesreichs gibt es keinen inneren Widerspruch, weil der innere Mensch zum äußeren Menschen in Beziehung steht. In der Bergpredigt sagt Jesus:

«Wiederum habt ihr gehört, daß zu den Alten gesagt ist: Du sollst nicht falsch schwören, du sollst aber dem Herrn deine Eide halten. Ich aber sage euch, daß ihr überhaupt nicht schwören sollt, weder beim Himmel, denn er ist Gottes Thron, noch bei der Erde, denn sie ist der Schemel seiner Füße, noch bei Jerusalem, denn sie ist die Stadt des großen Königs. Auch bei deinem Haupte sollst du nicht schwören; denn du vermagst nicht ein einziges Haar weiß oder schwarz zu machen. Vielmehr sei eure Rede: Ja, ja; nein, nein. Was darüber ist, das ist vom Bösen» (Mt 5, 33–37).

Das Beharren auf der Identifikation mit der Maske bedeutet, uns selbst innerlich zu spalten. Dann ist das Haus unserer Seele mit sich selber entzweit und hat keinen festen Stand. Denn:

«Jedes Reich, das mit sich selbst entzweit ist, wird verwüstet, und keine Stadt und kein Haus, das mit sich selbst entzweit ist, wird bestehen bleiben» (Mt 12, 25; Lk 11, 17; Mk 3, 24–25).

Dieser Ausspruch kann durchaus wörtlich genommen werden. Es ist Tatsache, daß keine Nation und kein Haus bei innerer Spaltung hoffen können, die Prüfungen der Geschichte zu bestehen. Doch der Zustand unseres eigenen Wesens ist ebenfalls ein «Haus», und wenn dieses innere Haus von jemandem bewohnt wird, der im Gegensatz zu unserem bewußten Selbst und unseren bewußten Absichten steht, wird aber unser Leben und das Gefüge unseres Wesens nicht bestehen können.

Das Reich Gottes fordert, daß der äußere und der innere Mensch einander entsprechen. Es ist nutzlos, unsere äußere Persönlichkeit zu kultivieren, wenn sie nicht auf der Wahrnehmung unseres inneren Selbst beruht; denn einerlei, was wir in unserem Leben äußerlich zu erreichen suchen, einerlei, für wie rechtschaffen wir uns halten, die eigentliche Frucht unseres Lebens wird aus dem kommen, was in unseren Herzen ist. Denn:

«Entweder machet den Baum gut, dann ist seine Frucht gut, oder machet den Baum faul, dann ist seine Frucht faul. Denn an der Frucht erkennt man den Baum» (Mt 12, 33; Lk 6, 43–44).

Und:

«Merkt ihr nicht, daß alles, was in den Mund hineinkommt, in den Bauch gelangt und an seinen Ort ausgeschieden wird? Was aber aus dem Mund herauskommt, das kommt aus dem Herzen hervor, und das verunreinigt den Menschen. Denn aus dem Herzen kommen böse Gedanken, Mord, Ehebruch, Unzucht, Diebstahl, falsches Zeugnis, Lästerung. Das ist es, was den Menschen verunreinigt; aber essen mit ungewaschenen Händen verunreinigt den Menschen nicht» (Mt 15, 17–20).

Es kommt nicht darauf an, ein Mensch ohne «Schatten» oder

ohne «dunkle» Gedanken und Gefühle zu werden. Jeder von uns hat von Zeit zu Zeit Mordgedanken, unmoralische Anwandlungen und dergleichen. Es kommt darauf an, sie nicht «im Herzen» zu belassen, das heißt sie nicht im Unbewußten zu vergraben. Wenn wir erst einmal unsere Gedanken und Gefühle als das erkennen, was sie sind, dann bleiben sie nicht länger «im Herzen», sondern werden ins Freie befördert. Vielleicht verlieren wir dabei etwas von unserer hohen moralischen Selbsteinschätzung, aber wir verlieren dabei auch unsere Maske und gewinnen dafür sittliche Demut. Wir leben dann nicht mehr bloß durch das Gesetz, denn wir haben demjenigen in uns ins Auge gesehen, für den das Gesetz zunächst notwendig war, und das hebt unsere ganze Persönlichkeit auf eine höhere sittliche Ebene.

Dies führt uns nun zum nächsten Schritt der Jüngerschaft im Gottesreich. Die Maske abzustoßen, bedeutet zwangsläufig, etwas Unangenehmem in uns selbst ins Auge zu sehen. Dies vor allem ist der Grund dafür, daß wir eine Maske benutzen. Eine solche unerwünschte Seite unseres Charakters empfinden wir als unseren «Feind», solange wir uns mit unserer Maske identifizieren. In Wirklichkeit ist der Feind aber unsere Unbewußtheit, die uns dazu veranlaßt hat, uns mit etwas Unechtem zu identifizieren; doch das erkennen wir zunächst noch nicht. Am Anfang sieht es so aus, als bräuchten wir unsere Maske, um uns vor einem furchtbaren inneren Gegner zu verbergen. Deshalb wollen wir jetzt den «inneren Feind» näher betrachten.

FÜNFTES KAPITEL

Der innere Gegner

Die erste Bekanntmachung des Gottesreichs lautet: «Tut Buße! Denn das Reich der Himmel ist genaht» (Mt 3, 2, 4, 17; Mk 1, 15). «Buße» oder «Reue» kommt von dem griechischen Wort «metanoia», das nicht so sehr ein Bedauern für etwas, was wir getan haben, ausdrückt als vielmehr eine völlige *Sinnesänderung*. Die Übersetzung «Buße» enthält nicht die eigentliche psychologische Stoßkraft des Wortes. Wenn man es als eine «Kehrtwendung» versteht, schließt metanoia die Abkehr von unserer Identifikation mit der äußeren Maske und die Auseinandersetzung mit dem, was hinter der Maske liegt, ein: mit dem, was aussieht wie ein innerer Gegner, ein Feind. Daß wir Feinde haben, wissen wir längst. Was wir uns aber selten klarmachen, ist die Tatsache, daß jeder von uns auch in sich selbst einen Feind hat. Dieser Feind ist die Person in uns, die in Widerspruch zum Äußeren steht. Es ist der, der die Gedanken denkt, die wir nicht als unsere eigenen anerkennen wollen, der Gefühle und Bedürfnisse hat, die wir nicht offen auszudrücken wagen, weil wir sonst unsere angemaßte Rolle, unser «Image», in Gefahr bringen würden. Es ist derjenige, den wir – meist ohne Erfolg – vor anderen verbergen wollen, weil wir fürchten, sonst auf Ablehnung zu stoßen, und den wir auch uns selber gegenüber zu verheimlichen suchen, weil wir meinen, seinen Anblick nicht ertragen zu können. Es ist der Mr. Hyde für unseren Dr. Jekyll, derjenige, der Böses bewirkt, obwohl wir behaupten, gut zu sein oder, passiver ausgedrückt, derjenige, der zwischen uns und unseren Zielen oder Idealen steht und uns daran hindert, sie zu erreichen.

Der innere Feind und die Maske stehen in gegensätzlicher Beziehung zueinander. Je mehr wir uns mit einer Maske identifizieren, desto stärker wird das Unbewußte einen entgegengesetzten Standpunkt in Form des inneren Gegners aufbauen. Je mehr wir vorgeben, dies oder jenes zu sein, desto stärker wird der Gegner das Gegenteil behaupten. Nur dann können wir auf inneren Frieden mit uns selber hoffen, wenn wir unserer Maske bewußt werden. Wie wir später noch genauer sehen werden, ist der Ausdruck «Feind» eigentlich falsch. Dieser Teil unseres Wesens *scheint* unser Feind zu sein, solange wir uns mit einem falschen Image identifizieren. Unser *wirklicher* Feind ist unsere Unkenntnis der Maske, die wir tragen. Diese Unbewußtheit muß überwunden werden, wenn wir mit uns selber zurechtkommen und uns dem neuen schöpferischen Leben des Gottesreichs öffnen sollen.

Wenn wir den inneren Gegner lange verleugnet haben und ihn dann schließlich zu Gesicht bekommen, kann das eine niederschmetternde Erfahrung sein, wenn aller Selbsthaß und alle Selbstverachtung an die Oberfläche kommen. «Ich sah mich selber, und was ich da sah, mochte ich gar nicht», sagte kürzlich eine Frau weinend, die ihre wahren Gefühle aus Angst davor, verletzt zu werden, begraben und sich eine falsche Rolle zugelegt hatte, mit der sie so lange lebte, bis sie selbst und ihre Ehe daran zerbrachen.

Der innere Gegner wird in unseren Träumen häufig als

eine Gestalt vom gleichen Geschlecht wie der Träumer auftreten. Ein Mann träumt von ihm als von dem Neger, der aufgehängt werden muß. Ein Geistlicher träumt von ihm als einem ungläubigen Beatnick. Ein sehr dynamischer Mensch wird von ihm vielleicht als von dem Schwächling träumen. Er kann als Vagabund, als Krüppel, als äußerst unkonventioneller, fadenscheiniger Mensch, als Dirne oder einfach als herumschleichende, unbekannte Gestalt erscheinen oder auch als jemand, der uns töten will. Bei einem verhärteten Verbrecher, bei einem haßerfüllten Menschen kann er im Traum als positive Figur, als sanft und liebevoll auftreten; denn der innere Gegner ist an sich weder gut noch böse, sondern er ist das in uns, was im Gegensatz zu unserem bewußten Verhalten steht.

Die Menschen haben eine solche Abneigung dagegen, sich zu sehen, wie sie wirklich sind und ihre innere Widersprüchlichkeit anzuerkennen, daß die meisten nur mit größter Mühe zu einer derartigen Selbstkonfrontation gebracht werden können. Die große Mehrheit zieht den breiten Weg der Unbewußtheit vor, der zur Unkenntnis des inneren Gegners führt. Das ist destruktiv, weil diese Unkenntnis das Problem keineswegs löst. Im Gegenteil: Der Feind tritt nun in der Maske von anderen auf, und die Feindseligkeit, die ihren Ursprung in uns selber hat, wird jetzt zur Feindseligkeit gegenüber den anderen.

Lebenswichtige und für unsere Persönlichkeit bedeutsame Dinge, die wir bei uns übersehen haben, sehen wir in anderen. Diese «Projektion» von etwas, das in uns selbst ist, auf andere Personen geschieht von uns ganz unbewußt; deshalb kommen wir uns selbst auch immer so unschuldig vor. Die Projektion unseres Feindbildes auf jemand anderen verzerrt unsere Beziehung zu diesem Menschen und

bürdet ihm höchst ungerechterweise eine psychologische Last auf.
Dies tut man manchmal auch mit Kindern. Eine strenge, moralistische Frau projizierte ihre eigene unerkannte Sinnlichkeit auf ihre Tochter. Von der Pubertät an wurde das Mädchen als nichtsnutziges Flittchen und künftige Hure beschimpft. So war es kein Wunder, daß sie im Alter von sechzehn Jahren schwanger wurde, ohne verheiratet zu sein. Für die Mutter war dies eine Bestätigung dessen, was sie schon immer gewußt hatte. Für die Tochter war es ein Schicksal, das die Projektion der Schattenseite ihrer Mutter ihr aufgezwungen hatte, die sie tragen und ausleben mußte.
Der innere Gegner kann auf Rassen wie auf Individuen projiziert werden; und da das Wort «schwarz» oft zur Beschreibung einer moralisch zweifelhaften Seite unseres eigenen Charakters, die wir hassen und fürchten, verwendet wird, projiziert der Weiße eine solche Seite manchmal auf den Neger, der dann ungerechterweise den Schatten des weißen Mannes tragen muß. Der Weiße neigt dann dazu, im Schwarzen einen Feind zu sehen und Eigenschaften bei ihm zu wittern, die er bei sich selbst beanstandet. Die Sexualität des schwarzen Menschen wird überbewertet, wenn er die Projektion der sexuellen Wünsche des weißen trägt. Die Fröhlichkeit und Spontaneität des schwarzen Mannes wird vom weißen, der mit seinen eigenen Emotionen und Impulsen keinen Kontakt mehr hat, als Verantwortungslosigkeit oder Kindlichkeit mißdeutet. Doch kann die Projektion auch in anderer Richtung verlaufen, der schwarze Mann kann ebenso auf den weißen bestimmte Frustrationen projizieren, deren Ursprung bei ihm selber liegt. Nun wird dem weißen Mann unter Umständen vor-

geworfen, eine negative Einstellung gegenüber dem schwarzen zu haben, die dieser möglicherweise in Wirklichkeit sich selber gegenüber hat; oder man wirft ihm vor, den schwarzen Mann zu unterdrücken, während vielleicht der schwarze Mann durch seine eigenen Minderwertigkeitsgefühle oder Selbstverachtung unterdrückt wird.

Wenn die Projektion unseres inneren Gegners auf jemand anderen in einem kollektiven, rassischen oder internationalen Bereich stattfindet, ist sie immer besonders destruktiv. Die Nazis waren dafür ein Beispiel. Da sie sich für Übermenschen hielten, waren sie nicht mehr fähig, ihre eigenen minderwertigen Eigenschaften zu erkennen. Diese verborgenen, minderwertigen Eigenschaften sah man daher in den Juden. Die Juden mußten das tragen, was die Nazis in sich selbst nicht sehen wollten. Sie trugen die Last des Hasses, der Angst und des Abscheus, die eigentlich die Last der Nazis war. Der darauffolgende grauenhafte Massenmord an Juden war ein vergeblicher Versuch der Nazis, ihren projizierten inneren Gegner auszurotten.

Die Lösung des Feindproblems beginnt damit, daß wir ihn in uns selbst erkennen. Wir tragen den Feind in unserem eigenen Herzen. Wir hassen ihn, weil er zu uns im Widerspruch steht. Wir fürchten, daß er uns überwältigen wird, wenn wir ihn als Teil von uns anerkennen. Genau das Gegenteil ist richtig. Ihn *nicht* anzuerkennen heißt, in die Gewalt des inneren Gegners zu geraten, der sich lustig macht über unsere vergeblichen Anstrengungen, ihn loszuwerden, indem wir diejenigen loswerden wollen, die die projizierte Last unseres eigenen Schattens tragen. Ihn als Teil von uns selbst anzunehmen, heißt, sich aus seiner Gewalt lösen und seine konstruktive Seite entdecken.

Denn die Anerkennung des inneren Gegners verändert uns.

Sie veranlaßt uns zwangsläufig dazu, die Identifikation mit unserer Maske aufzugeben und die Wirklichkeit unserer Person zu akzeptieren. Schon dieser Vorgang vermindert die Feindschaft zwischen dem inneren Gegner und der bewußten Persönlichkeit; denn die scheinbare Feindschaft des ersteren hängt weitgehend davon ab, wie sehr wir uns mit unserer pharisäischen Außenseite identifizieren. Der innere Gegner enthält wesentliche Bestandteile unserer Persönlichkeit, die von unserer bewußten Charakterentwicklung ausgeschlossen worden sind. Nun können sie, statt in die «Hölle», die Abgespaltenheit im Unbewußten, verbannt zu werden, in die bewußte Persönlichkeit aufgenommen werden. Bei dieser Bewußtwerdung ist eine weitere Umwandlung im inneren Gegner zu erkennen. Was immer wir in uns selbst gefürchtet haben mochten, das kann jetzt seinen «goldenen Kern» zeigen; denn das, was in den Augen des Bewußtseins vielleicht furchtbar ausgesehen hatte, gehört in Gottes Augen zu uns und enthält einen Bestandteil, der für unsere Ganzheit wesentlich ist. Wie der Frosch im Märchen, der sich in einen schönen Prinzen verwandelte, als die Prinzessin ihn als ihren Partner akzeptierte, so verwandelt sich der innere Feind in einen nützlichen Bestandteil des Charakters, *wenn er erst einmal bewußt wahrgenommen und als rechtmäßiger und unumgänglicher Teil unseres Wesens akzeptiert worden ist.*

Denn wie wir im nächsten Kapitel sehen werden, ist es nicht der Feind, der böse ist, sondern unsere Ahnungslosigkeit, die das Böse hervorruft. Der innere Feind steht solange im Widerspruch zu uns, wie wir ihn nicht anerkennen; wenn er aber erkannt und akzeptiert worden ist, ergänzt er uns eher als daß er uns widerspricht, und was vorher ausschließlich negativ zu sein schien, zeigt jetzt eine positive Seite. Es bedarf großen geistigen Mutes, um die innere Entzweiung zu erkennen und den Feind zu sehen. Aber ohne diesen Akt der «metanoia» kommt man nicht in das Reich Gottes.

Jesus weiß vom inneren Gegner und von der Notwendigkeit, sich mit ihm zu versöhnen. In der Bergpredigt sagt er:

«Willfahre schnell deinem Gegner, während du noch mit ihm unterwegs bist, damit dich nicht der Gegner dem Richter und der Richter dem Gerichtsdiener übergibt und du ins Gefängnis gesetzt wirst. Wahrlich, ich sage dir: Du wirst von dort nicht herauskommen, bis du den letzten Rappen bezahlt hast» (Mt 5, 25–26; Lk 12, 57–59).

In früheren Zeiten gab es nur in größeren Städten Gerichte. Um zu einem Gericht zu gelangen, mußten die meisten Leute ziemlich weit reisen, und es war üblich, daß die in Streit liegenden Parteien gemeinsam reisten. So konnten sie, wenn es gutging, ihren Fall schon auf dem Wege bereinigen und brauchten dann nicht die Behörden zu behelligen.

Auf den ersten Blick scheint es, als wolle Jesus einfach empfehlen, Streitfälle außerhalb des Gerichts zu beheben. Doch ein solcher an sich lobenswerter Ratschlag wäre kaum sehr klug und ist auch nicht immer zu empfehlen, weil in manchen Fällen der Weg zum Gericht unumgänglich ist. Außerdem ist offenkundig, daß Jesus noch etwas anderes meinte, denn wenn wir uns mit unserem Gegner *nicht* einigen können, werden *wir* und nicht er dafür zur Verantwortung gezogen. Handelt es sich tatsächlich um einen Rechtsstreit mit einem Gegner, dann gibt es keinen Grund dafür, daß wir immer die Schuldigen sind. Wenn es sich aber um einen *inneren* Gegner handelt, dann *werden* wir dafür verantwortlich gemacht, falls wir uns nicht mit ihm einigen. Denn es ist Aufgabe des Bewußtseins, jeden Aspekt unseres ganzen Wesens zu erkennen, sich mit ihm auseinanderzusetzen und sich mit ihm zu einigen. Gelingt uns das nicht, so haben wir mit der größeren Autorität in uns zu rechnen – das heißt: mit dem Gericht des Königs –, und dann müssen wir, durch die negative Erfahrung dessen, was wir verleugnet haben, einen hohen Preis bezahlen.

Zu diesem besonderen Thema sagt der heilige Augustin einige sehr lehrreiche Worte. Wenn wir sündigen, so erklärt er, dann ist «das Wort Gottes dein Gegner ... Es ist der Gegner deines Willens, bis es der Urheber deines Heils wird ... Es ist unser Gegner, *solange wir unsere eigenen Gegner sind. Solange du dein eigener Feind bist, ist das Wort Gottes dein Feind; sei dein eigener Freund, dann bist du mit ihm in Einklang.*» Augustin erkennt hiermit nicht nur die innere Bedeutung des Jesus-Wortes – daß nämlich wir selbst der Gegner sind –, sondern auch die geheimnisvolle Beziehung zwischen dem Gegner und Gott. Wie wir bald sehen werden, geht es bei unserem Verhältnis zu unserem inneren Gegner, so finster und unerwünscht er auch sein mag, auch um unser Verhältnis zu Gott.

Ein anderes Beispiel für dasselbe Motiv ist das bekannte Gleichnis vom verlorenen Sohn (Lk 15, 11–32). Der jüngere Sohn ist ein gewissenloser, vergnügungssüchtiger Verschwender. Der ältere Sohn ist pflichtbewußt, selbstgerecht, nachtragend und trübsinnig. Nimmt man die beiden äußerlich, so entsprechen sie zwei Menschentypen: dem Vergnügungssüchtigen und dem übermäßig Verantwortlichen. Der Akzent würde dann auf der großmütigen, versöhnlichen Macht Gottes liegen, wie sie sich im Vater zeigt, und es würde sich um eine Art moralisierendes Gleichnis handeln, in dem von den Übeln der Verschwendungssucht und der Notwendigkeit des Verzeihens und der Toleranz die Rede ist.

Sieht man die beiden Brüder jedoch als innere Figuren, dann repräsentieren sie die beiden Hälften einer ganzen Person. Einige von uns mögen sich mit dem älteren Bruder identifizieren, von strengem Pflichtbewußtsein, dem Wunsch, sich anzupassen, zu gefallen und rechtschaffen zu erscheinen, bestimmt sein. Dann drängen wir den jungen Bruder in uns ins Unbewußte, wo er zu unserem inneren Gegner wird und nicht nur in Gegensatz zu unserem bewußten Verhalten steht, sondern uns unserer Lebensfreude, unseres Mitgefühls und unserer Spontaneität beraubt. Andere identifizieren sich vielleicht mit dem widerspenstigen Sohn und drängen ihr Verantwortungsgefühl ins Unbewußte. Sie führen dann ein vergnügungssüchtiges Leben, erfahren aber ständig einen inneren Widerstand von ihrem unterdrückten Gewissen. Während sie anscheinend ihr Leben mit Freude genießen, ist es doch immer nur ein sehr gefährdetes Vergnügen.

Solange die beiden Brüder miteinander entzweit sind, benachteiligt einer den anderen. Wenn die beiden aber wieder zu einer Person vereinigt werden können, so daß die innere Opposition beendet wird, kann die Ganzheit erreicht werden, und die negativen Eigenschaften jedes Bruders weichen seinen positiven Qualitäten. Die Seite des älteren Bruders wird dem jüngeren Bruder Reife und Verantwortungsgefühl verleihen, und die Seite des jüngeren Bruders

wird dem älteren Humor, Freude, Mitgefühl und Spontaneität geben.
Eine solche Versöhnung will der Vater, der hier für das Reich Gottes steht, herbeiführen. Der Moment der Erlösung kam, als der jüngere Bruder «zu sich selbst fand» (Lk 15, 17, «da ging er in sich») – das heißt sich mit sich selbst und seiner Einseitigkeit auseinandersetzte. Diese Konfrontation mit sich selbst muß auch beim älteren Bruder erfolgen. Im Gleichnis versucht er, das zu vermeiden, indem er bei dem Gespräch mit seinem Vater auf «diesen deinen Sohn» (Vers 30) anspielt. Doch der Vater verweist ihn auf die Notwendigkeit zur Auseinandersetzung mit sich selbst, auf die Notwendigkeit, den verlorenen Bruder als Teil von sich selber zu akzeptieren, und sagt:
«Kind, du bist allezeit bei mir, und alles, was mein ist, ist dein. Du solltest aber fröhlich sein und dich freuen; denn dieser *dein Bruder* war tot und ist lebendig geworden, und verloren und ist wiedergefunden worden» (Lk 15, 31–32).
Ein solches Annehmen unseres inneren Gegners als legitimen Teil unseres ganzen Wesens ist nur möglich, wenn wir ihn zunächst einmal erkennen. Dieses Erkennen gelingt nicht, solange der innere Gegner auf andere projiziert wird, denn dadurch ist er für uns nicht als Teil unseres eigenen Wesens sichtbar. Die Rücknahme von Projektionen ist daher ein sehr wichtiger Teil der Ethik des Gottesreichs, denn nur auf diese Weise erkennen wir, was zu uns gehört, und nur auf diesem Wege können wir uns von den Fesseln befreien, in denen wir, durch unsere Projektionen, gefangen sind. Das Motiv der Projektionszurücknahme liegt vielen Aussprüchen Jesu zu Grunde, die sich auf unser Verhalten gegenüber anderen beziehen, weil wir nur dann als

Individuen mit anderen in Beziehung treten können und frei werden von einer zwanghaften Bindung an unser eigenes Unbewußtes.

«Ihr habt gehört, daß zu den Alten gesagt ist: *Du sollst nicht töten;* wer aber tötet, soll dem Gericht verfallen sein. Ich aber sage euch: Jeder, der seinem Bruder zürnt, soll dem Gericht verfallen sein. Wer aber zu seinem Bruder sagt: Raka! soll dem Hohen Rat verfallen sein. Wer aber sagt: du Tor! soll der Hölle mit ihrem Feuer verfallen sein» (Mt 5, 21–22).

Die Ausdrücke, die zu gebrauchen Jesus uns warnt, bedeuten radikale Ablehnung. «Raka» oder «Tor» drücken aus, daß man die Persönlichkeit eines anderen völlig ablehnt. Diese Art von Zurückweisung – die völlige Entmenschlichung – kommt immer dann vor, wenn jemand anders die Last unseres eigenen Schattens trägt. Jemand, der die Bürde unserer Projektionen trägt, ist für uns nicht mehr menschlich. Er wird in unseren Augen teuflisch, unheilbringend, eine Unperson. Deshalb neigen wir leicht dazu, böse über solche Menschen zu werden, denn sie sind für uns keine Menschen mehr, sondern sie repräsentieren für uns das, was uns an uns selber ärgert.

Wahrscheinlich aus diesem Grund sagt der heilige Paulus: «Die Sonne soll nicht untergehen über eurem Zorn» (Eph 4, 26). Die Sonne ist das Licht des Bewußtseins. Wenn wir zornig sind, sollen wir uns nicht von dieser Gefühlsregung in Besitz nehmen lassen, ohne uns die Ursache für unseren Zorn bewußtzumachen. Gewöhnlich werden die Ursachen wohl in unseren eigenen unbewußten Schwächen zu suchen sein, die jemand anders aufgestöbert hat, oder in unserem Haß auf den inneren Gegner, den wir durch unsere Projektionen einem anderen Menschen aufzwingen.

Diese Unbewußtheit stört unsere Beziehung zu anderen wie zu uns selbst so empfindlich, daß wir kein Verhältnis mehr zu Gott herstellen können. Deshalb fährt Jesus fort: «Wenn du nun deine Opfergabe zum Altar bringst und dort eingedenk wirst, daß dein Bruder etwas wider dich hat, so laß deine Gabe dort vor dem Altar und geh zuerst hin und versöhne dich mit deinem Bruder, und dann komm und bring deine Gabe dar!» (Mt 5, 23–24).

Wir müssen beachten, daß auch hier, wie im Falle des Gegners, mit dem wir uns versöhnen sollen, während wir uns auf dem Weg zum Gericht befinden, die Last der Verantwortung auf uns ruht. Aufgabe des Ego ist die Bewußtwerdung. Wenn wir mit unserem Bruder Streit haben («dein Bruder hat etwas wider dich»), müssen wir uns der Ursachen dieses Streites bewußt werden. Andernfalls werden wir vom Schatten beherrscht, unterliegen der Sünde und, wie wir in Kapitel 7 sehen werden, fallen dem Bösen zum Opfer. Bevor wir also zu Gott gelangen können, müssen wir diese unbewußte Beziehung lösen; danach können wir mit unserem Opfer zum Altar kommen. Das gleiche Thema berührt Jesus mit seinen Worten über das Beurteilen anderer Personen:

«Richtet nicht, damit ihr nicht gerichtet werdet! Denn mit welchem Gericht ihr richtet, mit dem werdet ihr gerichtet werden, und mit welchem Maß ihr meßt, mit dem wird euch gemessen werden» (Mt 7, 1–2; Lk 6, 37).

Jesus meint nicht, daß wir andere Menschen nicht bewerten sollen. Jeder, der mit einem anderen Freundschaft schließen will, der jemanden beschäftigen, für jemanden arbeiten muß oder im Geschäftsleben mit anderen zusammenarbeitet, muß andere Leute einschätzen. Richten ist aber etwas anderes als Bewerten, denn Richten bedeutet ein endgültiges Urteil. Wenn wir jemanden verurteilen, lehnen wir ihn völlig ab. Damit haben wir uns ihm gegenüber eine gottähnliche Rolle angemaßt, denn durch die Verurteilung geben wir vor, den Sinn und die moralischen Konsequenzen seines Lebens zu kennen. Dadurch verletzen wir seine Individualität. Auf Kosten des anderen blähen wir uns in einem falschen Gefühl von Überlegenheit auf. Andere zu verurteilen, ist immer entmenschlichend; und gleichzeitig ist es ein Zeichen für unsere Aufgeblasenheit, mit der wir uns anmaßen, über das Leben und die Seele eines anderen ein Urteil fällen zu können. Jemand anderen bewerten kann man durch eine objektive Einschätzung der Person oder des Charakters. Die Verurteilung eines anderen Menschen jedoch beruht auf unserer eigenen Unbewußtheit, und deshalb wird sie von Jesus mißbilligt. Weil solche Verurteilung endgültig ist, hängt sie immer mit dem Element der Projektion zusammen. Weil wir im anderen Menschen das sehen, was wir in uns selbst hassen, ist unser Urteil ein so unbewußter Akt.

Aus diesem Grunde fällt unsere Verurteilung anderer Leute immer auf uns selber zurück; indem wir andere verurteilen, verurteilen wir im Grunde uns selbst. Die völlige Ablehnung, die in einer Verurteilung enthalten ist, beruht letztlich auf der Ablehnung von irgend etwas Unbewußtem in uns selbst. Einem psychischen Gesetz entsprechend verhält sich das Unbewußte gegenüber dem Bewußtsein ebenso, wie das Bewußtsein sich dem Unbewußten gegenüber verhält. Dies sehen wir oft in unseren Träumen. Wenn wir vor uns selber weglaufen, verfolgen uns die unbewußten Gestalten; wenn wir uns umdrehen und ihnen entgegentreten, verändert sich die Beziehung. Wenn wir etwas in uns hassen und fürchten, wird es schrecklich und böse erscheinen; wenn wir es aber akzeptieren, schwindet die Furcht. Wenn ein Mann seine weibliche Seite ablehnt, wird diese als mißachtete, rachsüchtige Frau auftreten; wenn sie dagegen akzeptiert wird, erscheint sie als ermutigende, liebende Gestalt. Ebenso verhält es sich mit dem Urteilen. Wenn wir jemanden verurteilen, dann deshalb, weil wir irgend etwas in uns ablehnen, das uns unbewußt ist. Die Verurteilung fällt dann in Form einer Ablehnung des Bewußtseins von Seiten des Unbewußten auf uns zurück. Daher sagt Jesus:

«Denn mit welchem Gericht ihr richtet, mit dem werdet ihr gerichtet werden, und mit welchem Maß ihr meßt, mit dem wird euch gemessen werden.»

Gott führt nun nicht etwa Buch über das, was wir tun, und vergilt dann jede Kleinigkeit; es handelt sich hier vielmehr um ein geistiges Gesetz. Ebenso wie wir mit Sicherheit krank werden, wenn wir Gift nehmen, so werden wir sicher innerlich verurteilt, wenn wir über andere zu Gericht sitzen.

Aus diesem Grunde kann Jesus uns drängen, unsere Feinde zu lieben:

«Ihr habt gehört, daß gesagt ist: Du sollst deinen Nächsten lieben und deinen Feind hassen. Ich aber sage euch: Liebet eure Feinde und bittet für die, welche euch verfolgen, damit ihr Söhne eures Vaters in den Himmeln seid! Denn er läßt seine Sonne aufgehen über Böse und Gute und läßt regnen über Gerechte und Ungerechte. Denn wenn ihr die liebt, die euch lieben, was habt ihr für einen Lohn? Tun nicht auch die Zöllner dasselbe? Und wenn ihr nur eure Brüder grüßt, was tut ihr Besonderes? Tun nicht auch die Heiden dasselbe?» (Mt 5, 43–47; Lk 6, 27–36).

Diese radikal neue Deutung unserer Beziehung zu unseren

Feinden ist vielleicht die widersprüchlichste aller Lehren Jesu, weil sie am wenigsten praktikabel scheint. Sicherlich ist sie diejenige, die am seltensten in die Tat umgesetzt wird. Es ist anscheinend so natürlich, so berechtigt, Feinde zu haben und sie zu hassen, daß die Jesus-Worte geflissentlich ignoriert werden.

Es gibt viele Gründe dafür, daß Jesus uns drängt, unsere Feinde nicht zu hassen. Wenn wir es tun, können wir uns nie zu moralischer Überlegenheit erheben. Der Mensch hat von jeher seine Freunde geliebt und seine Feinde gehaßt. Wenn wir dies tun, welches Recht haben wir dann, noch gegenüber dem gewöhnlichsten Menschen, moralische Überlegenheit für uns in Anspruch zu nehmen? Wenn wir aber unsere Feinde lieben, fangen wir an, Söhne des Vaters zu werden; das heißt jenes Sohnesverhältnis zum Schöpfer zu zeigen, das diejenigen bekommen, die sich über die naturhafte Unbewußtheit des Menschen zu einem sittlichen Leben erheben, das auf der Kenntnis des eigenen Wesens beruht.

Dem Bösen kann man seelisch nur widerstehen, indem man sich das, was auf dem Spiel steht, so bewußtmacht, daß man nicht selbst ein Bestandteil der üblen Situation wird. Denn die Gefahr des Hasses auf den Feind besteht, wie Laurens van der Post gezeigt hat, darin, daß *die Menschen dazu neigen, das zu werden, was sie bekämpfen.* Deshalb müssen wir, wenn wir zum Reich Gottes gehören wollen, in der Behandlung unserer Feinde außerordentlich bewußt sein. Außerdem bindet uns Haß an das, was wir hassen, denn solange wir Haß gegen einen Menschen oder ein Volk empfinden, sind wir unfrei. Deshalb müssen die, die in das Himmelreich gelangen wollen, über das Leben des Hasses hinaus zum Leben des Bewußtseins kommen. Erst dann sind wir frei, um als Söhne des Vaters in das Gottesreich einzugehen.

Die Ablösung der Identifikation mit unserer pharisäischen Maske bedeutet eine Konfrontation mit dem inneren Gegner, und eine Konfrontation mit dem Gegner kann zur bereitwilligen Annahme und zur Versöhnung führen, so daß da, wo vorher Gegensätze bestanden, nun Harmonie herrscht. Doch das bedingt eine radikale Änderung unserer Einstellung gegenüber uns selbst. Um unserer Beziehung zum Gottesreich wie auch um unseres Verhältnisses zu anderen Menschen willen müssen wir uns selbst akzeptieren.

Dies mag schockierend wirken auf Menschen, die oft genug zur Selbstablehnung erzogen worden sind. Die jahrhundertelange Lehre, daß wir Sünder seien, daß das Böse vom Menschen komme und daß ein großer Teil unseres Wesens dem Teufel gehöre, hat zwangsläufig aus der Idee der Selbstverleugnung einen Fetisch gemacht. Für viele bedeutet christliches Leben nichts anderes als ein Leben, in dem man sich selber keinerlei Wert zumißt, indem verlangt wird, daß man sein Selbst ganz und gar aufgibt und nur anderen Menschen und Gott einen Wert zuerkennt. Doch nun wird offenbar, daß die Menschen, die in das Gottesreich gelangen wollen, sich selber akzeptieren sollen, und das schließt sogar ein, daß man bestimmte Teile seines Wesens akzeptiert, die man für niedrig, gemein oder teuflisch hält. Kein Wunder, daß der ältere Bruder sich der Vorstellung widersetzte, seinen jüngeren Bruder daheim willkommen heißen zu müssen! Wie können wir *diesen* Teil unseres Charakters, diese beschämende, unwürdige, schwache oder zurückgebliebene Person, die wir lieber nicht als Teil von uns anerkennen würden, akzeptieren?

Langsam wird klar, daß die Ethik des Reiches Gottes paradoxer ist, als wir jemals gewagt haben uns vorzustellen. Der Mensch, der zum Sohn des Vaters wird, ist eben nicht der «reine» Mensch, sondern einer, dessen wachsende Kenntnis seiner selbst und dessen zunehmendes Selbstvertrauen in ihm eine einzigartige Liebesfähigkeit haben entstehen lassen. Nicht Rechtschaffenheit, sondern Liebe, nicht das Befolgen von Regeln, sondern die bewußte Anerkennung der eigenen Person sind die Schlüssel zum Reich Gottes. Daher sagt Jesus, als er nach dem größten Gebot im Gesetz gefragt wird:

«Du sollst den Herrn, deinen Gott, lieben mit deinem ganzen Herzen und mit deiner ganzen Seele und mit deinem ganzen Denken. Dies ist das größte und erste Gebot. Das zweite ist ihm gleich: Du sollst deinen Nächsten lieben *wie dich selbst* (in der Übersetzung von Martin Buber: *denn er ist wie du)»* (Mt 22, 37–39).

Pauline hatte sich vierzig Jahre lang bemüht, die sittlichen Forderungen zu erfüllen, von denen man ihr gesagt hatte, daß sie Bestandteil des christlichen Lebens seien. Gläubig hörte sie zu, wenn Eltern, Kirche und Freunde sie zu einem frommen Lebenswandel ermahnten und ihr beschrieben, wie sie werden müßte, um bei Gott Wohlgefallen zu finden. Von einer rührenden Aufrichtigkeit und von dem Bedürfnis nach Lob und Anerkennung getrieben, strebte sie mit aller Kraft danach, die Aufgabe, die ihr anscheinend von Gott gestellt worden war, zu erfüllen, und sah dabei schließlich ihre Persönlichkeit immer mehr zusammenschrumpfen, bis kaum noch etwas von ihr übrig war. An diesem Punkt begann ihre schöpferische Seite, die so

lange unterdrückt worden war, zu rebellieren, und sie fühlte sich derart zerschlagen und furchtsam, daß sie Hilfe suchte. Allmählich, nach vielen Monaten, sah sie ein, daß sie ihr halbes Leben damit verbracht hatte, Maßstäbe zu erfüllen, die nicht von Gott, sondern von Menschen gesetzt waren; und durch dieses Verhalten hatte sie versäumt, ihr schöpferisches Selbst zu verwirklichen.
Ihr eigenes Selbst war ihr zunächst fremd, und sie mußte es kennenlernen. Als sie dann anfing, sich selbst zu erkennen, sah sie den inneren Gegner, den Teil ihres Wesens, der so gar nicht in das Bild paßte, das andere ihr vorgezeichnet hatten. Dies war die Frau in ihr, die sie erkennen, dann akzeptieren und schließlich lieben mußte, um zu dem Menschen zu werden, als der sie von Gott geschaffen worden war. Ihr einziger Ausweg aus der Angst war, sich selbst zu erkennen, damit sie fähig würde, sich selbst zu lieben. Dieser Ausweg brachte sie gleichzeitig auf den Weg zum Reich Gottes, zu einem Leben, das schöpferisch und spontan zu werden versprach. Der Mensch, der als ihr wahres Selbst allmählich in ihr Gestalt annahm, war kein einseitiger Heiliger. Sie mußte eine amoralische, instinktbetonte Seite und viele negative Gefühle ebenso anerkennen und akzeptieren wie ihre positive Gefühlsseite. Doch sie kam der Mahnung Jesu nach:
«Ihr nun sollt vollkommen sein wie euer himmlischer Vater vollkommen ist» (Mt 5, 48).
Es gibt wohl kein Jesus-Wort, das öfter mißbraucht worden wäre als dieses. Schon die Übersetzung tut seiner tiefen und paradoxen Bedeutung Gewalt an, denn «ihr sollt vollkommen sein» bedeutet für uns, nach einem perfektionistischen Moralkodex zu leben, der uns keinen Schatten, nicht die Spur von Unreinheit oder Unvollkommenheit

gestattet, kurz, der uns keine Möglichkeit gibt, uns mit unserem inneren Gegner zu versöhnen. Aber dies ist eine irreführende Übersetzung, denn wie wir schon früher bemerkt haben, heißt das mit «vollkommen» übersetzte griechische Wort eigentlich «zu einem Abschluß gebracht», «vollendet». Es handelt sich also nicht darum, einen unmöglichen und inhuman heiligmäßigen Zustand zu erreichen, sondern uns menschlich so zu erfüllen, wie wir vom Schöpfer gemeint waren. Wir sollen vollendet oder ganz werden, unser Leben und unsere Persönlichkeit sollen zu der Erfüllung gebracht werden, die Gott beabsichtigt hat; wir sollen eben gerade nicht, in der beschränkten und einseitigen Bedeutung des Wortes, «perfekt» werden. Diese Vollkommenheit, diese paradoxe Ganzheit ist das Ziel des Reiches Gottes, das nur von den Menschen erreicht werden kann, bei denen gerade die Fehler und Schwächen zur Entwicklung ihrer größten Stärke und Liebesfähigkeit beigetragen haben. Ein solcher Mensch lebt nicht jenseitig, sondern diesseitig; er ist nicht vor der Auseinandersetzung mit den Dingen dieser Welt geflohen, sondern zutiefst mit ihr verbunden, ohne sich jedoch ihren kollektiven Maßstäben zu unterwerfen. Solche Menschen sind, mit den Worten Jesu, «klug wie die Schlangen und ohne Falsch wie die Tauben» (Mt 10, 16).

Ein solcher Mensch wird klug wie eine Schlange sein, weil er, wie die Schlange, mit den Dingen der Erde vertraut ist. Doch er wird auch ohne Falsch, wie eine Taube, sein, weil er sich *seiner eigenen Antriebe* und seiner Erdgebundenheit *bewußt* ist und dadurch unschuldig bleiben wird. Die Ganzheit eines solchen Menschen ist äußerst paradox. Eine grundlegende Schilderung von so gearteten Menschen gibt zum Beispiel das Gleichnis vom ungerechten Haushalter (Lk 16, 1–8) und die Geschichte von der Sünderin (Lk 7, 36–50).

Der ungerechte Haushalter verschleudert, wie sich herausstellt, das Eigentum seines Herrn, so daß dieser beschließt, den Haushalter zu entlassen. Zunächst weiß der Haushalter nicht, was er tun soll. Für körperliche Arbeit ist er nicht kräftig genug; zu betteln schämt er sich. Schließlich fällt ihm etwas ein. Er geht zu den Schuldnern seines Herrn und vereinbart mit einem nach dem andern, daß jeder seine Schulden bei dem Herrn etwas niedriger angeben solle, als sie in Wirklichkeit sind. Auf diese Weise macht er sich bei ihnen beliebt, so daß er, wenn er von der Verwaltung abgesetzt ist, vielleicht in ihren Häusern aufgenommen wird. Jesus beendet das Gleichnis mit den überraschenden Worten:

«Der Herr lobte den ungerechten Haushalter, daß er klug gehandelt habe. Denn die Söhne dieser Welt sind ihrem Geschlecht gegenüber klüger als die Söhne des Lichts» (Lk 16, 8).

Die Kinder dieser Welt haben es nur auf die Befriedigung ihres Eigennutzes abgesehen; doch sie zeigen im Umgang mit der Welt eine lobenswerte Schlauheit. Die Kinder des Lichts wollen ein Leben im Lichte Gottes führen, aber auch sie sollen im Umgang mit der Welt schlau sein.

Gleichermaßen paradox ist die Geschichte von der Sünderin. Einer der Pharisäer hatte Jesus zum Essen eingeladen, doch als Jesus dort war, kam eine Frau herein, die in schlechtem Ruf stand. Aber sie liebte Jesus so sehr, daß sie weinen mußte, und als ihre Tränen auf seine Füße fielen, trocknete sie sie mit ihren Haaren. Der Pharisäer war entsetzt, als er das sah, und sagte zu sich:

«Wenn dieser ein Prophet wäre, wüßte er, wer es ist und

was für eine Frau, die ihn anrührt, daß sie eine Sünderin ist» (Lk 7, 39).

Aber Jesus, der seine Gedanken kannte, erklärte ihm, welche große Schuld ihr vergeben worden war und wies auf ihre große Liebe hin. Er schloß mit folgender paradoxer Feststellung:

«Deshalb sage ich dir: Ihre vielen Sünden sind ihr vergeben, denn sie hat viel geliebt; *wem aber wenig vergeben wird, der liebt wenig*» (Lk 7, 47).

Und zu der Frau gewandt, sagte er:

«Dein Glaube hat dich gerettet; geh hin in Frieden!» (Vers 50).

Dies ist mehr als eine Geschichte der Vergebung von Sünden. Es geht nicht nur darum, daß Gott bereit ist, einem reuigen Sünder zu vergeben, denn die Frau, die die Füße Jesu mit ihren Tränen wusch, zeigte, weil ihr ihre Sünden vergeben worden waren, *mehr* Liebe als der Pharisäer, der (zumindest in seinen eigenen Augen) keine Vergebung benötigte. Gemeint ist, daß wir *intensiv leben* sollen, selbst wenn wir dafür unter Umständen gerügt werden. Der Pharisäer, der immer auf Sicherheit ging, strebte danach, vor Gott ohne Tadel zu erscheinen; aber dabei kam heraus, daß er, im Gegensatz zu der Sünderin, keinen ausreichenden Gefühlskontakt zum Leben und zu den Menschen hatte. Sie fand größere Liebe als der Pharisäer und wurde geheilt, denn trotz ihrer Sünden hatte sie *gelebt*.

Eine solche Perspektive vom Leben im Reich Gottes beunruhigt puritanische Gemüter und Gewissen, die sich so lange wie Pharisäer verhalten haben, denn damit wird die Frage nach der Rolle des Bösen und dem Wesen der Sünde aufgeworfen. Was ist das Böse? Was ist Sünde? Die Pharisäer hatten Vorstellungen von der Sünde und vom Bösen, die Jesus offenbar nicht teilte. Wie Jesus über die Sünde und das Böse dachte, und wie seine Ansichten zur Botschaft vom Reich Gottes passen, das sind unsere nächsten Themen.

SECHSTES KAPITEL

Über die Rolle des Bösen und das Wesen der Sünde

Eine traditionelle kirchliche Einstellung zum Problem des Bösen besagt, daß das Böse nicht wirklich existiert. An sich kann es nicht existieren, denn wenn es doch da wäre, dann wäre Gott dafür verantwortlich; und da Gott gut sein muß, kann es das Böse nicht geben. Was als das Böse erscheint, existiert nicht unabhängig als metaphysisches Prinzip im Gegensatz zum Guten, sondern wird gegenwärtig als Verlust des Guten. Gott schuf die Welt vollkommen gut; nur sofern die Schöpfung hinter der Vollkommenheit, die Gott ihr gab, zurückbleibt, tritt das Böse in Erscheinung.

Dieser Auffassung gemäß, ist der freie Wille das wichtigste Werkzeug bei diesem Nachlassen der Vollkommenheit, das zum Bösen führt. Die Menschen verursachen das Böse, indem sie sich dafür entscheiden, Gott ungehorsam zu sein. Dadurch fallen sie von Gott ab, und durch ihre Entscheidung zum Ungehorsam erzeugen sie das Böse. Auf diese Weise wird Gott jeglicher Verantwortung für die Existenz des Bösen enthoben, weil der freie Wille selbst ein kostbares Gut ist. Damit kommt es zu der Maxime: «Alles Gute ist Gottes, alles Böse ist des Menschen.»

Psychologisch gesehen, wird dem Menschen durch diese

Theorie vom Ursprung des Bösen ein überstarkes Schuldgefühl aufgebürdet. Da der Mensch das Böse erzeugen kann, das aus eigener Kraft allein nicht existieren könnte, bekommt der Mensch eine luziferische Macht. Die Folge davon ist, daß der Mensch einerseits das Machtgefühl hat, Böses erzeugen zu können, andererseits unter übermäßigem Schuldgefühl leidet, da er ja für alles Böse, das geschieht, verantwortlich ist.

Die ethische Konsequenz aus dieser Theorie heißt, daß das Böse nur auf dieselbe Weise überwunden werden kann, wie es begonnen hat, nämlich durch die Entscheidung des Menschen für den Gehorsam statt für den Ungehorsam. Dieser Theorie gemäß ist der Mensch ein vernunftbegabtes Geschöpf, das imstande ist, diese Entscheidung zu treffen. Deshalb muß an den menschlichen Willen appelliert werden, sich für das Gute zu entscheiden; tut er das nicht, dann nur aus absichtlicher Böswilligkeit, für die er bestraft werden muß. Nach theologischer Sicht wird diese Strafe in der Hölle zugemessen, wo der Mensch von Gott ewige Strafen für zeitliche Sünden erhält. Sozial gesehen, spiegelt sich der gleiche Bestrafungskodex in unseren Strafgesetzbüchern wider, die voraussetzen, daß die Menschen sich frei zwischen gut und böse entscheiden können und deshalb bestraft werden müssen, wenn sie sich für den Ungehorsam entscheiden.

Diese Beurteilung des Bösen ist religiös gefährlich, weil sie dazu führt, daß man die Macht des Bösen verharmlost. Vielleicht hat diese Lehre – daß das Böse lediglich der Verlust oder die Abwesenheit des Guten sei – bewirkt, daß es der Kirche nicht gelungen ist, brauchbare Mittel zur Bekämpfung des Bösen auf dieser Welt zu entwickeln. Philosophisch gesehen ist die Lehre sinnlos, weil alles, was über das Böse gesagt wird, auch über das Gute gesagt werden könnte; das Gute könnte ebensogut als Abwesenheit des Bösen definiert werden. Psychologisch ist die Theorie unzulänglich, weil sie Tatsachen des menschlichen Wesens ignoriert. Nicht immer haben die Menschen die Möglichkeit, frei über ihre Handlungen zu entscheiden. Sehr oft sind sie relativ hilflos angesichts übermächtig destruktiver Kräfte, von denen sie selbst nichts wissen. Sozial betrachtet ist diese Theorie des Bösen unbrauchbar, weil sie nicht erkennt, daß sittliches Versagen eines einzelnen Menschen die Unzulänglichkeit der gesamten Gesellschaft widerspiegelt.

Es ist wichtig festzustellen, daß dieser Begriff des Bösen nicht von Jesus geteilt wurde. Für Jesus existierte das Böse an sich. Seine Realität stand außer Frage; es war eine unabhängige, autonome Kraft, die im Gegensatz zu Gott stand. Bei seinen Versuchungen in der Wüste stellte sich Jesus selber den Mächten des Bösen gegenüber. Oft bezeichnete er Satan als die Personifizierung des autonomen bösen Geistes. Seine Wunderheilungen waren hauptsächlich gegen die Mächte des Bösen gerichtet, denn die Krankheiten, die er heilte, betrachtete er als Formen von Dämonenbesessenheit, gegen die das Individuum völlig hilflos war.

Der Mensch erzeugte das Böse nicht aus freiem Willen, denn das Böse existierte von sich aus. Der Mensch kann sich dafür entscheiden, dem Guten oder dem Bösen zu folgen, seine Handlungen können ihn für das Böse anfällig machen. Der freie Wille des Menschen *war* entscheidend wichtig, doch erzeugte er nicht ein Übel, das nicht schon vorher existiert hätte. Im Gegenteil: Die Innenwelt des Menschen war voll von geistigen oder psychischen Mächten, die auf das Böse ausgerichtet waren, Mächten, die einen

Menschen in Besitz nehmen und ihn derart beherrschen konnten, daß nur die Macht Gottes ihn zu befreien vermochte.

Jesus sagt uns nicht, weshalb Gott die Existenz des Bösen in der Schöpfung duldet, aber er sagt uns, daß Gott von der Existenz des Bösen weiß. Im Vaterunser werden wir angewiesen zu beten:

«Und führe uns nicht in Versuchung, sondern erlöse uns von dem Bösen» (Mt 6, 13; Lk 11, 4).

Wie schon früher erwähnt, betont Jesus:

«Er (Gott) läßt seine Sonne aufgehen über Böse und Gute und läßt regnen über Gerechte und Ungerechte» (Mt 5, 45).

Im Zusammenhang mit dem künftigen Verrat des Judas spricht er von der Notwendigkeit dieses Übels, weist aber warnend auf das Schicksal derer hin, die den Zwecken des Bösen dienen:

«Denn der Sohn des Menschen zwar geht dahin, wie es bestimmt ist; doch wehe dem Menschen, durch den er verraten wird!» (Lk 22, 22; Mt 26, 24; Mk 14, 21).

Diese Sätze deuten darauf hin, daß das Böse notwendig sein kann. In der Tat läßt sich kaum eine geistige Welt von einiger sittlicher Bedeutsamkeit denken, ohne daß sowohl gute als auch böse Mächte im Spiele sind. Psychologisch betrachtet, entwickelt sich das Bewußtsein des Menschen vor allem durch den Widerstand gegen das Böse; die Menschen werden zwangsläufig bewußt, um das Böse zu überwältigen. Nur Bewußtsein und Liebe verhelfen uns dazu, die Fallstricke des Bösen zu meiden, so daß auf paradoxe Art und Weise das Böse einer tief verborgenen Absicht Gottes dienen kann. Wenn das so ist, dann wird das Problem des Bösen nicht mehr dadurch gelöst, daß

man Gott mit dem Guten identifiziert. Gott ist jenseits von Gut und Böse, wie die Menschen es kennen; Gut und Böse sind die beiden Pole, die nötig sind, wenn die Schöpfung irgendeinen geistigen oder sittlichen Sinn haben soll.
Dies scheint die Philosophie des Bösen zu sein, die der Warnung Jesu an Petrus zu Grunde liegt, daß dieser bei seiner Festnahme Jesus verraten wird:
«Simon, Simon, siehe, der Satan hat sich euch ausgebeten, um euch im Sieb zu schütteln wie den Weizen; ich aber habe für dich gebeten, daß dein Glaube nicht aufhöre; und du, wenn du dich einst bekehrt hast, stärke deine Brüder!» (Lk 22, 31–32).
Diese Passage erinnert uns an den Prolog zum Buch Hiob, wo Gott dem Satan erlaubt, Hiobs Glauben und Gehorsam versuchsweise zu untergraben (Kapitel 1 und 2). Im Buch Hiob handelt Satan wie Gottes eigener Zweifelsgedanke. Im Falle des Petrus' handelt der Satan durch die Zweifel des Petrus' an Jesus, ein Zweifel, dem Petrus' Angst um seine eigene Person zu Grunde liegt. Mit diesem Ausspruch erkennt Jesus anscheinend an, daß es eine feindliche Macht gibt, die von Gott die Erlaubnis hat, mit einer gewissen Autonomie in der Welt tätig zu sein. Im gleichen Zusammenhang steht offenbar auch die Bemerkung Jesu zu seinen Jüngern im Garten Gethsemane, bevor er in Todesangst vor der bevorstehenden Kreuzigung betete:
«Betet, daß ihr nicht in Versuchung kommt!» (Lk 22, 40).
Dies läßt uns an das Vaterunser denken, in dem es heißt: «Führe uns nicht in Versuchung.» Das bedeutet doch wohl, daß Gott selbst uns in Versuchung führen könnte und daß wir unter dem Druck der Versuchung ein Opfer des Bösen werden könnten. Sicher kann es ohne die Existenz des Bösen nicht so etwas wie eine seelische Versuchung geben.

Ohne das Böse ist allerdings auch kein Bewußtsein in sittlichem oder geistig-seelischem Sinne denkbar.
Einige Psychologen, die die Notwendigkeit des Bösen für die Entwicklung geistig-seelischen Bewußtseins erkannt haben, sind in die Randbezirke von Philosophie und Theologie vorgedrungen und haben festgestellt, daß auch das Böse zur Ganzheit gehöre. Besonders C. G. Jung erklärte wiederholt, daß die Ganzheit sowohl das Gute als auch das Böse einschließen müsse. Das ist ein gefährlicher und irreführender Gedanke, denn das Böse hat, obwohl es notwendigerweise existiert, *eine eigene negative Macht, die der lebenspendenden Macht der Ganzheit direkt entgegengesetzt ist.* Wir müssen unterscheiden zwischen chaotischen oder undifferenzierten Teilen unseres Wesens, die uns vielleicht teuflisch vorkommen, die aber integriert werden müssen, wenn wir zur Ganzheit kommen wollen – und dem absolut oder völlig Bösen, etwas ganz anderem, das nicht in die Ganzheit aufgenommen werden kann, weil es Anti-Ganzheit ist. Das Böse bei den Massenhinrichtungen durch die Nazis, bei sinnlosem Mord oder bei einem völligen Zusammenbruch der Persönlichkeit ist etwas, das nicht akzeptiert oder integriert werden kann. Psychotherapeuten wie Geistliche verbünden sich instinktiv bei der Bekämpfung von Bösem dieser Art.
Der Mensch kann sich dieser Form des Bösen nur entgegenstellen oder sie zu meiden suchen, denn sie steht in fundamentalem Gegensatz zur Ganzheit. Dies ist nicht die Dunkelheit, die gemeinsam mit dem Licht eine Totalität ergibt. Dies ist Ausdruck von etwas Bösem, das so numinos und destruktiv ist, das es von Grund auf in Gegensatz zur Ganzheit steht.
Es ist Anti-Selbst, Anti-Ganzheit, Antichrist, und wenn

es vielleicht auch in einem Sinn, den der Mensch nicht ergründen kann, den verborgenen Absichten Gottes dienen mag, bleibt es doch die Aufgabe des Menschen, es entschieden und bewußt zu bekämpfen, wie Jesus selbst es getan hat.

Vom Standpunkt der Erfahrung aus gesehen, läßt sich das Böse als die Macht beschreiben, die auf eine Spaltung hinarbeitet; es kommt besonders dort vor, wo ein Teil versucht, das Ganze zu übernehmen. Ein gutes Beispiel dafür im physischen Bereich ist der Krebs: Bösartig wuchernde Zellen versuchen, sich über einen ganzen Organismus zu verbreiten; und wenn es ihnen gelingt, bringen sie den Tod. Auf psychologischem Gebiet kann man einen solchen Vorgang bei Psychosen sehen, die die Einheit der Persönlichkeit zerstören und sie in zusammenhanglose Fragmente zersetzen. Ein anderes Beispiel für das psychologisch Böse ist in dem Fall gegeben, wenn das Ego durch irgendeinen autonomen Aspekt des Wesens beherrscht wird, der zu einer Art von Besessenheit führt, die die Fähigkeit zu freier Entscheidung zunichte macht. In solchen Fällen handelt es sich um einen Menschen, bei dem das bewußte Leben derart von einem abgespaltenen Teil der unbewußten Persönlichkeit dominiert wird, daß der Ausdruck «Dämonenbesessenheit» angebracht ist.

Ein gutes Beispiel ist die Geschichte von Helene, einer jungen Frau von Anfang Zwanzig. Helene wurde von einem anderen Geistlichen an mich verwiesen, nachdem sie sich mehrmals ohne Erfolg an Angehörige verschiedener Heilberufe um Rat gewandt hatte. Sie klagte vor allem über heftige emotionale Ausbrüche, während denen sie mit Gegenständen um sich warf und starken Zorn empfand, Selbstmordgedanken hatte, mit ihrer Tätigkeit als Lehrerin äußerst unzufrieden war und dabei unter verschiedenen körperlichen Symptomen, vor allem unter Schmerzen im linken Bein, litt. Wegen der physischen Beschwerden war sie zunächst an Ärzte verwiesen worden, die sie nach gründlicher Untersuchung für körperlich gesund, jedoch für emotional gestört erklärten und ihr empfahlen, sich von einem Psychologen beraten zu lassen. Aus irgendeinem Grund hatte sie zu diesem keinen rechten Kontakt finden können, wohl auch mit anderen nicht, zu denen sie dann geschickt wurde; und schließlich kam sie zu mir.

Unsere gemeinsame Arbeit gliederte sich in mehrere verschiedene Stadien: Ein Anfangsstadium, in welchem ich einen guten Kontakt zwischen uns herzustellen versuchte; ein weiteres Stadium, in dem wir uns bemühten, die Ursache ihrer Verwirrung zu entdecken; eine Krise, eine Lösung der Krise und die Festigung einer neuen Persönlichkeitsstruktur. Meine ersten Bemühungen richteten sich vor allem auf unsere gegenseitige Beziehung. Ich ermutigte sie, ohne Scheu über die Ursache ihres Kommens und über ihre Lage im allgemeinen zu sprechen. Während ich ihr zuhörte, fühlte ich eine innere Verbundenheit mit diesem Menschen, eine tiefe Sympathie und merkwürdigerweise die feste Überzeugung, daß mir bestimmt war, in ihrem Leben eine Rolle zu spielen. Schließlich bekamen wir einen guten Kontakt zueinander, der es uns ermöglichte, als Partner gemeinsam nach den Gründen ihrer Verwirrung und Verzweiflung zu suchen.

Unsere Bemühungen in dieser Hinsicht waren bemerkenswert erfolglos. Es gab keine Traumata, keine inneren oder äußerlichen Konflikte, die als Erklärung für die zutiefst beunruhigenden Stimmungsschwankungen, über die sie so wenig Kontrolle hatte, ausgereicht hätten. Ich war wirklich alarmiert, denn ich sah die Gefahr eines Selbstmords (einen Selbstmordversuch hatte sie bereits unternommen). Auch war ich beunruhigt über die anhaltenden physischen Symptome und bestand darauf, daß sie den Kontakt zu ihrem Arzt aufrechterhielt, mit dem ich selbst mich telefonisch besprach. Keine unserer Theorien war mehr als eine Intellektualisierung, und lediglich unsere gute Beziehung und ihre Verzweiflung hielten das Beratungsgespräch im Gang.

Dann kam die Krise. Ich erhielt nachts einen Anruf, die Stimme am anderen Ende der Leitung klang verzweifelt. Sie war allein, von einer dunklen, teuflischen Stimmung überwältigt, getrieben vom Zwang, sich das Leben zu nehmen, erdrückt vom Gefühl äußerster Hoffnungslosigkeit. Vorsichtig, ruhig und geduldig sprach ich mit ihr, bis ich spürte, daß sie sich allmählich wieder faßte. Sie war wieder sicher, aber nur vorläufig. Am nächsten Tag besuchte sie mich, und wieder suchten wir nach der plötzlichen Ursache ihrer extremen Depression in der vergangenen Nacht. Wir fanden keine. Schließlich fragte ich sie: «Wie sähe Ihre Stimmung aus, wenn Sie sie malen würden?» Sie hatte als Erwachsene nie gemalt, aber sie fing sofort an, mit den Armen in der Luft zu fuchteln und so ihre Stimmung zu beschreiben. Ich erinnerte mich, daß einer meiner Lehrer einmal zu mir gesagt hatte: «Wenn jemand, der einen Traum erzählt, dabei mit den Armen fuchtelt, dann heißt das, der Traum sollte gemalt werden.» – «Gehen Sie nach Hause und malen Sie, was Sie innerlich vor sich sehen», sagte ich zu ihr, «und kommen Sie, sobald es fertig ist, wieder zu mir.»

Was diese junge Frau malte, gehört hinsichtlich seiner psychologischen Wirkung zum Bemerkenswertesten, was ich je gesehen habe. Es gelang ihr, das Wesen ihrer quälenden Stimmung bunt, aber auch mit viel schwarzer Farbe, genau wiederzugeben. Das Bild sagte mehr als tausend Worte. Sie war von der Arbeit völlig gefesselt, und als sie das Bild fertig hatte, fühlte sie sich zwar erschöpft, aber auch enorm entlastet. Das Bild löste ihre Depression. Seitdem wurde sie nie wieder von jener teuflischen Dunkelheit überwältigt. Aus ihrer Innenwelt strömte nun eine Flut von Bildern. Sie malte weiter, und wir fingen an, ihre Träume zu begreifen. Die Mächte der Finsternis hatten die Gewalt über sie verloren, und sie begann sich zu erholen.

Alles wurde besser, doch die körperlichen Symptome verschlechterten sich. Sie weigerte sich jetzt allerdings, wieder ihren Arzt aufzusuchen, der ihre Symptome einem angeblich neurotischen, simulierenden Verhalten zuschrieb. Doch irgendwie wußte ich, daß die Sache ein für allemal in Ordnung gebracht werden mußte. Ein Freund von mir war ein guter Neurologe, der ihr sicher würde helfen können. Eine Untersuchung durch diesen Arzt zeigte, was dem vorigen Arzt entgangen war: eine verrutschte, harte Scheibe, die auf ihre Wirbelsäule drückte und stechende Schmerzen im ganzen Körper verursachte. Eine operative Behandlung beendete diesen Zustand, und mit der körperlichen Heilung löste sich auch die seelische Schwierigkeit. Unsere gemeinsame Arbeit machte rasche Fortschritte, und der Lebenswille und der Drang zur Ganzheit wurden bei ihr stärker als der Wunsch nach Tod und Zerstörung. Aus Chaos und Verwirrung konnte nun ein Mensch hervorgehen, der nicht nur gesund, sondern auch einsichtsvoll und schöpferisch war, denn die Macht der satanischen Finsternis war gebrochen.

Eine zweite Version des Bösen als ein Teil, der das Ganze in Besitz nimmt, erkennt man im Machttrieb, der eine einzigartige Fähigkeit hat, das Ego zu unterdrücken. Das menschliche Wesen ist mit einem Drang zur Macht ausgestattet, der unter bestimmten Umständen eine nützliche Funktion als legitimer Ehrgeiz erfüllt oder als Antrieb für die persönliche Aggressivität dient, die für Leistungen im Leben notwendig ist. Doch bei einer egozentrischen Persönlichkeit, in der sich das Ego in gottähnlicher Weise mit der Gesamtheit identifiziert hat, wird der Machttrieb dämonisch. Ein extremes Beispiel dafür lieferte der Fall Adolf Hitler. Näherliegende Beispiele sind etwa die neurotische Frau, die echte Beziehungen durch die Manipulation anderer Leute ersetzt, oder der Mann, dessen Ehrgeiz zur Unbarmherzigkeit führt, oder die mächtige Nation, die von dem Gefühl ihrer Macht hingerissen ist, sich aufbläht und mit Gewalt Ziele zu erreichen sucht, die in ihr Konzept passen.

Ein mir bekannter Geistlicher war einmal ganz erschrocken über einen Traum, in dem er ganz vertraut Hand in Hand mit einer zweifelhaften Gestalt spazierenging, die gelbe Augen hatte und sich merkwürdig benahm. Als er über den Traum nachdachte, fiel ihm ein, daß er am Vortage von einem sehr hochgeachteten Kollegen um einen besonderen Gefallen gebeten worden war, einen Gefallen, der zu zeigen schien, daß der Kollege zugab, seiner «überlegenen» Klugheit und Geschicklichkeit zu bedürfen. Diese Erfahrung hatte den Geistlichen hochmütig gemacht. Ohne es damals zu merken, hatte er ein übertriebenes Gefühl der eigenen Wichtigkeit entwickelt. Als er sich daran erinnerte, wurde ihm klar, daß die zweifelhafte Gestalt in seinem Traum er selber war. Man kann sagen, der Teufel war, durch den unbewußten Machttrieb des Geistlichen, auf der Bildfläche erschienen, und hätte der Priester nicht mit Hilfe des Traumes erkannt, was da passierte, so hätte der Machttrieb unversehens von ihm Besitz ergriffen.

Weil das Ego für den Machttrieb empfänglich ist, hat es sich einen unangenehmen Ruf erworben. Doch nicht das Ego selbst ist böse, sondern seine Besessenheit vom Machtkomplex. Das Ego ist ein unbedingt wesentlicher Teil des menschlichen Charakters. Ohne Ego gibt es keine Persönlichkeit und ebensowenig eine Erkenntnis Gottes; daher ist das Ego sowohl für Gott als auch für den Menschen sehr notwendig. Das Ego ist durchaus nicht von Grund auf böse, sondern ist fähig, höchste Opfer zu bringen und sich ganz in den Dienst des Gottesreichs zu stellen. Das Böse entspringt nicht dem Ego, sondern hat seinen Ursprung jenseits des Ego, so daß die Sprache Jesu, wenn von Satan und von Dämonen die Rede ist, ihre psychologische Berechtigung hat.

Aber wenn auch das Ego nicht Urheber des Bösen ist, so kann es doch vom Bösen überwältigt werden. Und ob es dem Bösen gelingt oder nicht, das Ego in seinen Machtbereich zu bringen, hängt schließlich mit dem Problem der Sünde zusammen. Das Ego ist für Sünde empfänglich, und durch die Sünde gewinnt das Böse Macht über den Menschen. Die Sünde – mehr als alles andere – ermöglicht es fremden Mächten, das Bewußtsein zu beherrschen, zu verformen und zu mißbrauchen, und auf diese Weise trennt sie das Bewußtsein von der Ganzheit und von Gott ab. Das Problem des Bösen ist also eng mit dem Problem der Sünde verbunden, und damit wollen wir uns jetzt beschäftigen.

Traditionsgemäß hat man Sünde mit Ungehorsam gegen Gottes Gesetze, besonders mit Unbeherrschtheit, gleichgesetzt. Man geht von der Vorstellung aus, daß Gott eine Reihe von Gesetzen aufgestellt hat, die der Mensch befolgen soll. Wenn er das nicht tut – wenn er diese Gesetze verletzt oder sie bricht –, sündigt er. Als der große Prototyp der Sünde gilt Adams Fehltritt im Garten Eden, wo Gott dem Adam verbot, vom Baum der Erkenntnis des Guten und Bösen zu essen; aber Adam und Eva gehorchten Gott nicht, brachen das Gebot und aßen von dem Baum. Daher hält man Ungehorsam für die Erbsünde, und alle anderen Sünden werden daran gemessen. Diese Einstellung zur Sünde unterscheidet sich kaum von der pedantischen Gesetzestreue der Pharisäer; der einzige größere Unterschied ist der, daß an die Stelle der jüdischen religiösen Gesetzgebung moralische Vorschriften und kirchliche Forderungen traten. Doch es scheint der Aufmerksamkeit der meisten Christen entgangen zu sein, daß durch den Austausch bestimmter Gebote gegen andere Gebote die Christen nicht wesentlich über das kleinliche Denken hinausgekommen sind, das Jesus bei den Schriftgelehrten und Pharisäern so entschieden verurteilte.

Die andere kollektive Einstellung gegenüber der Sünde ist die, daß Sünde im allgemeinen mit Leidenschaft oder Begierde zu tun habe. Das ist im Grunde eine Variante des vorher Gesagten, da die ungeheure Zahl der «Gehorsamsgesetze», die Gott angeblich dem Menschen auferlegt hat, mit dem Körper zusammenhängen. Demnach werden sexuelle Sünden als schwere Sünden betrachtet; dazu gehören Ehebruch, Homosexualität und Masturbation. Sogar gedankliche Sünden zählen dazu, zum Beispiel, wenn wir «abwegige» sexuelle Phantasien haben – vielleicht über

Leute, die wir «eigentlich» nicht anziehend finden «dürfen» – oder wenn wir negativ oder böse über andere Menschen denken. Da alle Gefühlserregungen in Zusammenhang mit bestimmten chemischen Prozessen im Körper stehen, läuft diese Einstellung gegenüber der Sünde auf eine Ablehnung des körperlichen, natürlichen Menschen hinaus. Die kirchliche Vorstellungswelt hat jahrhundertelang die Hölle großzügig mit Menschen bevölkert, die der Sünde körperlicher Leidenschaft nachgegeben hatten, so daß die Bevölkerung der Hölle nach traditioneller christlicher Vorstellung weitgehend aus Sexualverbrechern besteht.

Doch Jesus selbst hat sehr wenig über die Sünden des Fleisches gesagt. Seine Sorge galt vor allem den Sünden des Geistes, denn die Sünden des Geistes sind zehnmal tödlicher als die Sünden des Fleisches. Aber irgendwie hat es den Anschein, als sei der Aufmerksamkeit des traditionellen Christentums entgangen, daß wir, wenn wir Sünde mit Sünde des Fleisches gleichsetzen, dabei nicht Jesus folgen, sondern einer Form des Gnostizismus anheimfallen, jenem alten Rivalen des Christentums, der die Wurzel des Übels in der materiellen Welt und im Körper des Menschen sah und auf diese Weise den Menschen in ein körperliches und ein geistiges Wesen aufspaltete.

Auf jeden Fall ist die Einstellung zur Sünde im allgemeinen die: Du solltest es eigentlich besser wissen, Gott hat dir die Gebote gegeben, du hast es vorgezogen, sie zu mißachten oder zu ignorieren, und jetzt mußt du dafür bestraft werden. Auf dieser Vorstellung von Sünde basiert sowohl unser Strafgesetzbuch als auch unsere Geographie vom Jenseits als einem Ort, wo Übeltäter nach göttlichem Richtspruch bestraft werden. Diese Ethik können wir, dem russischen Philosophen Nikolai Berdjajew folgend, die «Ethik des Gehorsams» nennen.

Betrachten wir jedoch die Evangelien genauer, dann bekommen wir ein anderes Bild von dem, was Sünde bedeutet. Das neutestamentliche Wort für Sünde (griechisch: *amartia*) heißt wörtlich «Verfehlung». «Verfehlt» würde ein Bogenschütze sagen, wenn er mit seinem Pfeil das Ziel nicht getroffen hätte. Mit diesem Wort etwas zu beschreiben, das für das menschliche Leben und für die Beziehung zu Gott derart destruktiv ist, scheint überraschend gutmütig zu sein, denn ist es letzten Endes wirklich so schlimm, das Ziel zu verfehlen? Das Bedeutsame an diesem Verfehlen ist jedoch, daß es Rückschlüsse auf den Schützen zuläßt. Der Schütze verfehlte sein Ziel, weil er unkonzentriert war und schoß, ohne genau zu zielen. Von Confucius stammt ein anschaulicher Ausspruch, der besagt, daß ein Bogenschütze, der sein Ziel verfehlt, den Fehler in sich selber suchen muß: «Im Bogenschießen haben wir so etwas wie den Weg des höheren Menschen. Wenn der Schütze das Zentrum des Zieles verfehlt, dreht er sich um und sucht den Grund für sein Versagen in sich selber.»

Die Einstellung Jesu zur Sünde spiegelt diese Auffassung wider, daß nämlich das Verfehlen des Ziels etwas mit der Unbewußtheit des Individuums zu tun hat. Wie Jesus es sieht, bedeutet die Sünde nicht einfach einen Bruch der Gebote Gottes, sondern sie entspringt den unbewußt motivierten Handlungen des Menschen. Sünde entsteht aus dem Zustand moralischer Dunkelheit, durch mangelnde Bewußtheit verursacht, und führt dazu, daß der Mensch «das Ziel verfehlt». Solange der Mensch in moralischer Dunkelheit lebt und nicht weiß, was er tut und warum er etwas tut, kann er nur hoffen, einem von Gott gegebenen Gebot zu gehorchen. Doch eine derartige Moral ist keine Moral der Liebe, sondern des sklavischen Gehorsams. Es ist eine niedrige Moral, weil sie nicht auf der Erkenntnis Gottes und auf Kenntnis der eigenen Person beruht, sondern auf einem unschöpferischen Gehorsam gegenüber von außen festgesetzten Bestimmungen. In einer pharisäischen Ethik des Gehorsams gibt es weder Liebe noch Freiheit. Liebe und Freiheit kommen nur durch die «Ethik des Schöpferischen», wie Berdjajew es nennt. Eine solche Ethik ist die des Reiches Gottes.

In einem alten Manuskript steht ein Vers, der unmittelbar an Lukas 6, 5 anschließt und auch in der frühchristlichen apokryphen Literatur vorkommt und der diesen Punkt sehr schön beleuchtet. Es heißt dort:

«Am selben Tag, als Jesus einen Menschen sah, der am Sabbat arbeitete, sagte er zu ihm: Freund, wenn du weißt, was du tust, bist du gesegnet; wenn du es aber nicht weißt, wirst du als Gesetzesbrecher verflucht.»

Der Sinn ist klar. Das Gesetz ist für die Regelung des menschlichen Lebens da. Es darf nur von denen gebrochen werden, «die wissen, was sie tun», das heißt von Menschen, die bewußt sind, die sich genau kennen und auch über ihre unbewußten Antriebe Bescheid wissen. Wenn ein solcher Mensch das Gesetz übergeht und dabei *weiß, was er tut,* ist er gesegnet, weil er eine höhere, schöpferische Ethik erreicht hat. Wenn er aber nicht weiß, was er tut, und aus Ignoranz oder Selbstbetrug handelt, ist seine Sünde groß.

Der Schlüssel zur Ethik des Reiches Gottes ist daher also nicht Gehorsam, sondern Bewußtheit. Bewußtsein wird gewöhnlich mit dem Symbol eines Lichts, einer Lampe oder eines Auges dargestellt, mit etwas, das «sehen» bedeutet, das heißt psychologisches Wissen. Deshalb sagt Jesus:

«Das Licht des Leibes ist das Auge. Wenn nun dein Auge lauter ist, wird dein ganzer Leib voll Licht sein. Wenn aber dein Auge böse ist, wird dein ganzer Leib finster sein. Wenn nun das Licht, das in dir ist, Finsternis ist, wie groß wird die Finsternis sein!» (Mt 6, 22–23; Lk 11, 33–36).

Hier ist der Leib der innere Mensch, und das Auge ist das Organ geistig-seelischer Wahrnehmung. Wenn unser Auge, unsere geistige Einsicht, dunkel ist, und wir dementsprechend in Unkenntnis unserer selbst handeln, wird unser ganzes inneres Leben dunkel sein, denn wir werden von all dem in uns besessen sein, dessen wir unbewußt sind. Wenn wir aber imstande sind, bewußt zu handeln, wird unser ganzes Innenleben von Licht erfüllt sein. Dieser Ausspruch Jesu wird gelegentlich in der psychosomatischen Medizin angewandt. Das ist berechtigt, denn oftmals muß unser Leib die Last unseres finsteren Geisteszustandes ertragen. Doch der Ausspruch betrifft, über den Bereich psychosomatischer Probleme hinaus, das sittliche Leben im allgemeinen, denn der Leib steht hier stellvertretend für das Innenleben oder die Seele.

Der Wert, den die Bibel dem Licht, dem Auge und ähnlichen Bewußtseinssymbolen zuerkennt, spiegelt sich in unseren Träumen wider. Traummotive sprechen häufig von Licht und Dunkelheit. Entweder sind wir von Dunkelheit umgeben, tappen hilflos durch ein dunkles Haus, fahren auf unbeleuchteter Straße, stehen in einem finsteren Tunnel oder sind von schwärzester Nacht umfangen. Oder wir sind blind, oder das elektrische Licht fällt aus, oder wir wachen mitten in der Nacht auf und sehen eine seltsame Gestalt auf uns zukommen, die wir nicht erkennen können. Alle diese Bilder symbolisieren die Schwierigkeit der Bewußtwerdung und zeigen den Zustand psychologischer Finsternis, in dem wir leben. Andererseits träumen wir vielleicht auch vom Aufgang der Sonne, vom Aufleuchten des elektrischen Lichts, von einem hohen Berg, von dem aus wir einen langen Weg sehen können, oder von einem Blitz, der, wie eine plötzliche Einsicht, die Landschaft erhellt. Dies alles sind Symbole für einen Bewußtseinszustand, für ein «Sehen» der inneren Wirklichkeit.

Das Motiv des Auges als Symbol für Bewußtsein wird von Jesus im folgenden Ausspruch hervorgehoben:

«Was siehst du aber den Splitter in deines Bruders Auge, den Balken jedoch in deinem Auge wirst du nicht gewahr? Oder wie kannst du zu deinem Bruder sagen: Halt, ich will den Splitter aus deinem Auge ziehen; und siehe, in deinem Auge ist der Balken? Du Heuchler, ziehe zuerst den Balken aus deinem Auge, und dann magst du zusehen, daß du den Splitter aus deines Bruders Auge ziehst» (Mt 7, 3–5; Lk 6, 41–42).

Hier repräsentiert das Auge eindeutig das Bewußtsein. Wenn unser Bewußtsein von irgend etwas beeinflußt wird, das wir nicht sehen und mit dem wir uns nicht beschäftigen, sind wir schwerlich in der Lage, unseren Bruder korrigieren zu können. Wir können nur dann unserem Bruder helfen, wenn unser eigenes Bewußtsein klar und in Ordnung ist. Jede echte Sittlichkeit entspringt der Klarheit des Bewußtseins. Alles andere geschieht in der Finsternis und führt zu Entstellungen, nicht zu Liebe.

Jetzt sind wir in der Lage, die radikale neue Ethik Jesu hinsichtlich unserer Feinde zu begreifen, eine Ethik, die uns dazu zwingt, bewußter zu werden und selbst unseren Feind als einen Menschen zu sehen und nicht als einen Haken, an dem wir unsere Projektionen aufhängen können:

«Ihr habt gehört, daß gesagt ist: Du sollst deinen Nächsten lieben und deinen Feind hassen. Ich aber sage euch: Liebet eure Feinde und bittet für die, welche euch verfolgen, damit ihr Söhne eures Vaters in dem Himmel seid! Denn er läßt seine Sonne aufgehen über Böse und Gute und läßt regnen über Gerechte und Ungerechte» (Mt 5, 43; Lk 6, 27).

An früherer Stelle haben wir gesehen, wie grundverschieden die Einstellung Jesu zu unseren Feinden gegenüber der kollektiven Moralvorstellung ist. Kollektive Moral ist Herdenmoral, eine gespaltene Moral, denn sie ermutigt ein bestimmtes Verhalten gegenüber Angehörigen unserer eigenen Gruppe und ein anderes Verhalten gegenüber Nichtmitgliedern. Sie wird, wie schon gesagt, von dem Phänomen der Projektion genährt, indem wir nämlich unsere Feinde hassen, weil wir das auf sie projizieren, was wir in uns selber hassen. Solange unsere Moral nicht über diese Herdenmoral hinausgeht, sind wir unfrei und werden von innerer Finsternis beherrscht. Um Söhne des Vaters zu werden, müssen wir über die Herdenmoral hinaus zur individuellen Sittlichkeit gelangen, die die Gleichheit und Heiligkeit aller Menschen vor Gott anerkennt. Dann entsteht unser Identitätsgefühl durch unsere eigene Individualität, nicht durch unsere unbewußte Identifikation mit der Herdenpsychologie. Solch eine höhere Sittlichkeit ist nur möglich, wenn ein Mensch bewußt geworden ist, denn der unbewußt lebende Mensch bleibt in der Herde gefangen und wird zwangsläufig all das auf seine Feinde projizieren, was er von sich selbst nicht weiß. Dadurch, daß Jesus ein differenziertes und bewußtes Verhalten gegenüber Feinden wie Freunden fordert, verläßt er die Kollektivmoral zugunsten einer Moral, die auf individueller Bewußtheit basiert. Dies ist ein weiteres Beispiel für die schöpferische Natur der Ethik des Reiches Gottes.

Nun können wir uns wieder dem zuwenden, was Jesus meinte, als er sagte: «Wenn eure Gerechtigkeit nicht besser ist als die der Schriftgelehrten und Pharisäer, werdet ihr nicht in das Reich der Himmel kommen» (Mt 5, 20). Die Pharisäer waren Experten im Befolgen von Gesetzen; sie waren Paradebeispiele für die Ethik des Gehorsams. Doch die Ethik des Gottesreichs fordert von uns, über das Befolgen von Bestimmungen hinaus auf jene Stufe des Bewußtseins zu kommen, wo wir unseres inneren Gegensatzes gewahr werden und dadurch hoffen können, einmal im Licht zu leben und nicht in der Finsternis.

Wir müssen die Gerechtigkeit der Schriftgelehrten und Pharisäer übertreffen, indem wir über die Zehn Gebote hinausgehen. Die Gebote ermahnen uns, nicht das Ego an die Stelle Gottes zu setzen, nicht zu stehlen, nicht Ehebruch zu begehen, nicht habsüchtig zu sein und so weiter. Die Ethik des Gehorsams fordert lediglich, daß wir diese Gebote peinlich genau erfüllen. Aber wie wir gesehen haben, wären die Zehn Gebote überhaupt nicht nötig gewesen, wenn es nicht jemanden in uns gäbe, der alle diese Dinge täte. Wir müssen die Gebote haben, weil wir *tatsächlich* egozentrisch sind, weil wir einen Dieb in uns haben, weil wir zum Ehebruch neigen und weil wir habgierig sind. Die höhere Moral des Gottesreichs übertrifft die Gerechtigkeit der Gesetzestreuen, weil sie zu einer Konfrontation mit unserem inneren Feind führt, der die Gebote brechen würde, wenn man ihn gewähren ließe. Mit Hilfe dieser Selbstkonfrontation wird unser ganzes sittliches Bewußtsein auf eine höhere Ebene gehoben. Dazu ist allerdings ein differenziertes psychologisches Bewußtsein erforderlich.

Mit der neuen Ethik des Gottesreichs können wir uns von der Macht der Sünde freihalten, nicht aber frei von Schuld. Das ist das Paradox des Gottesreichs. Niemand kann als menschliches Wesen, das ja zu sich selbst im Widerspruch steht, ohne Schuld existieren. Diese unausweichliche Schuld können wir existentielle Schuld oder, in theologischer Sprache, Erbsünde nennen. Aber wir *können* in dem Maße frei von der Macht der Sünde leben, wie wir unserer inneren Gegensätze bewußt sind. Zu viele Menschen haben solche Angst vor Schuld, daß sie alles Mögliche tun, um sich nicht schuldig zu machen. Sie befolgen sklavisch ein Gesetz, in der Hoffnung, daß sie der Schuld ausweichen können, wenn sie alle Gebote erfüllen und immer «das Richtige» tun. Das Ergebnis ist eine Unterdrückung des Schöpferischen. Und unserer Schuld können wir ebenfalls nicht ausweichen. Entweder glauben wir, daß es uns gelungen sei, alle Forderungen zu erfüllen und daß wir rechtschaffen seien – in dem Falle sind wir für andere Menschen unerträglich; oder wir wissen, daß wir versagen und sind damit für uns selbst unerträglich, weil wir nun eine furchtbare Last von Schuld mit uns schleppen. Der Heilsweg zum Reich Gottes ist merkwürdigerweise eben deshalb paradox, weil er offen die Schuld anerkennt, um Bewußtsein zu entwickeln.

Hierfür mag Ellen als Beispiel dienen. Ellen wuchs in einer streng religiösen Familie auf; sowohl ihre Kirche als auch ihre Eltern schrieben strikten Gehorsam gegenüber den Geboten vor. Böse Gedanken, Anflüge von Ungehorsam und besonders sexuell-erotische Gefühle gegenüber anderen Menschen, außer ihrem Mann, waren des Teufels. Gott war der große Richter und der wachsame Beobachter, der die Missetaten jedes einzelnen registrierte, für die wenigen

Gehorsamen den Himmel bereithielt und für die vielen, die ungehorsam waren, die Hölle. Unsicher, voller Angst vor ihren eigenen Impulsen, kindlich in ihrer Anpassung an das Leben, heiratete Ellen einen Mann, der selbst alle diese starren Verhaltensformen aufwies und alles in ihr unterdrückte, was zu Ungehorsam führen konnte. Doch allmählich wurde ihr diese Lebensweise unerträglich. Die Folge war ein gewaltiger, unkontrollierbarer Zornesausbruch gegen ihren Mann. Entsetzt suchte Ellen Hilfe, da eine Flut von unterdrückten, verbotenen Gefühlen sie überschwemmte.

Viele Monate nach dem ersten Ausbruch des Unbewußten in das Bewußtsein verliebte sich Ellen heftig in einen anderen Mann. Zum erstenmal in ihrem Leben lernte sie machtvolle erotische Gefühle kennen, die zu einer Liebesaffäre mit diesem Manne führten und die sie zunächst als edel und schön erlebte. Vorläufig wurden in der Schönheit der frühlingshaften Empfindungen alle Schuldgefühle ignoriert. Später erkannte sie, daß der Mann, den sie geliebt hatte, ein Schwindler und Gauner war. Ihr wurde klar, daß sie ihn nicht als Person geliebt hatte, denn sie hatte ihn als Person nicht gekannt, sondern daß sie zum erstenmal die Tiefen ihres eigenen Eros erlebt hatte.

Nachdem sie ihren Fehler in der Liebe erkannt hatte, war ihr erster Impuls, sich den richtenden Stimmen in ihr zu unterwerfen, der Erbschaft aus ihrer Kindheit, die ihr ewige Verdammnis androhte, weil sie der schwersten aller Sünden nachgegeben hatte. Aber sie sah ein, daß ihre kurze Liebesaffäre Teil ihres Lebenssinnes war. Mit der positiven Einschätzung jenes Mannes hatte sie sich geirrt. Doch ihre Gefühle selbst, Eros und Zärtlichkeit, waren außerordentlich wichtig. Da diese Gefühle das Motiv für ihre enge

Beziehung zu dem Mann waren, konnte sie ihre Erfahrung integrieren. Hätte sie sich willkürlich dafür entschieden, «das Gesetz zu mißachten» – wäre dies ihr Hauptmotiv gewesen und nicht die Liebe –, dann hätte diese Erfahrung nur unter sehr viel größeren Schwierigkeiten gelöst werden können, denn dann wäre der Antrieb vom Ego ausgegangen und nicht aus ihrer eigenen Tiefe gekommen. Paradoxerweise mußte sie eine derartige Erfahrung machen, auch wenn sie hinterher wieder zu ihrer Familie zurückkehrte. Sie war wie die Sünderin in der Geschichte Lukas 7, 36–50: Ihr mußte viel vergeben werden, wenn sie viel lieben sollte. Und es war nötig, daß sie dem Gesetz ungehorsam wurde und Schuld empfand, damit sie ihrer selbst bewußt werden und eine höhere, schöpferische Ethik erreichen konnte.

Das Böse ist Trennung. Theologisch gesehen, ist es Trennung von Gott, Sonderung, das heißt Sünde. Psychologisch betrachtet, ist es eine Trennung im Menschen selbst. Das Reich Gottes kommt, um dem Menschen die Einheit zurückzubringen, um ihn mit Gott und mit sich selber zu vereinen. Damit das gelingt, muß man die Maske fallenlassen und sich bewußt mit dem «inneren Gegner» auseinandersetzen und ihn akzeptieren. Sünde heißt, unbewußt, unter der Macht der Finsternis leben, denn ohne Bewußtsein des Selbst gibt es keine freie Entscheidung, nur Unterdrückung durch das, was uns unbewußt ist. Allein durch Bewußtsein kann unsere innere Zerspaltenheit unter Gottes heilenden Einfluß gebracht werden. Deshalb fordert die Ethik des Reichs Gottes von uns, über die Ethik des Gehorsams hinaus zu einer schöpferischen Ethik zu kommen, die auf Bewußtheit beruht. Nur mit einer solchen Ethik kann es Freiheit, freie Entscheidung und Liebe geben.

Um das zu erreichen, müssen wir die Schuld als unausweichliche Folge des Menschseins und des freien Willens akzeptieren. Denn bei Entscheidungen läuft man Gefahr, etwas «falsch» zu machen, und Mensch sein heißt, nicht mehr nur Sicherheit suchen, sondern das Lebens ausleben.
Aber schuldig sein ist nicht dasselbe wie: unter dem Einfluß von Sünde und Übel zu stehen. Das Gesetz versucht zwar, uns von Schuld freizumachen, ist aber nicht imstande, uns von Sünde und Übel zu befreien. Nur das Reich Gottes kann uns freimachen.
Wenn wir den inneren Gegner anerkennen und die Geburt einer bewußten Ethik erleben, wird eine Verbindung zwischen dem Bewußtsein und den inneren Tiefen hergestellt. Diese Verbindung ist lebenswichtig, denn sie ist die Seele selbst. Wir wenden uns jetzt der Bedeutung zu, die eine lebendige Seelen-Beziehung zwischen dem Bewußtsein und den inneren Tiefen hat.

SIEBENTES KAPITEL

Der Glaube der Seele

Das Wort «Seele» ist heute nicht populär. Philosophen und Naturwissenschaftler betrachten sie oft als Hirngespinst oder dummes Gerede. Die Kirche scheint wenig Interesse an ihr zu haben, obwohl die Seele einst die Kirche außerordentlich beschäftigt hat. In der Vorstellung des Laien wird die Seele häufig als metaphysisches Wesen gesehen, das auf irgendeine Weise die Zeiten überdauert und deshalb in der heutigen Kultur keine konkrete Bedeutung hat. Doch es ist schwierig, überhaupt von der Innenwelt zu sprechen, ohne dabei von der Seele zu reden. Die präzisere, klinische Sprache der Psychologie übermittelt nicht die bedeutsamen Obertöne, die in dem alten Begriff «Seele» mitschwingen. Die Seele hält sich hartnäckig, trotz aller Versuche, sie aus unserer Sprache und unserem Denken auszumerzen.

Und das ist gut so. Denn der moderne Mensch befindet sich in der unangenehmen Lage, seine Seele verloren zu haben. Er ist verwirrt und seelisch krank, weil er keinen Kontakt zu den Dingen hat, die seine Seele ihm zu bieten hätte. Manche Leute meinen, wenn es allen Menschen nur materiell besserginge, wäre schon alles gut. Doch das würde lediglich dem äußeren, physischen Menschen nützen. Die geistig-seelische Seite des Menschen wird immer in Bedrängnis sein, solange die Seele nicht anerkannt und geliebt wird. Die Seele kann oft in unseren Träumen erscheinen. In den Träumen eines Mannes kann sie in der Gestalt einer ungewöhnlichen oder besonders schönen Frau auftreten, die der Mann sehr liebt oder begehrt. Eine Frau kann auch von der Seele als von einer Frau träumen, manchmal einer Frau, auf die sie eifersüchtig ist, wenn sie von ihrem eigenen Erosprinzip getrennt ist, oder vielleicht von einer Frau, die von der Träumerin bewundert wird. Die Seele kann auch als Vogel erscheinen, ein bevorzugtes Symbol für die Seele, da sie ja ein Wesen ist, das sowohl zur Erde als auch zum Himmel gehört und daher zwischen Körper und Geist steht. Der Vogel kann ein schönes buntes Gefieder haben, er kann auf unserer Hand sitzen oder sich in die Luft erheben. Wenn aber die Beziehung zur Seele abgerissen ist, kann die Seelen-Symbolfigur negativ sein. Die Frau in unseren Träumen ist dann böse oder verbittert oder krank oder verzweifelt. Oder vielleicht ist der schöne Vogel gestorben, oder es passiert eine Katastrophe, wie in dem folgenden Traum von Ellen, über deren Geschichte wir schon gesprochen haben:

«Ich befand mich an einem See, wo ich wunderschöne Vögel sah, die ins Wasser und wieder heraus flogen. Sie waren blau, grün und rot gefärbt. Dann sah ich Leute am Wasser knien und den Vögeln die Flügel abschneiden, so daß sie nicht mehr fliegen konnten. Die Vögel sahen sehr traurig aus, fast wie tot. Aufgeregt fragte ich die Leute, warum sie das täten. Sie antworteten:

‹Weil sie über *unser* Land fliegen und dafür bestraft werden müssen.›»

In diesem Traum spiegelt sich die furchtbare Hybris des Ego, die die Seele zu töten oder zu verstümmeln versucht. Das menschliche Ego, vom Gefühl seiner eigenen Wichtigkeit aufgebläht, in seiner einseitigen Entwicklung zu luziferischen Dimensionen ausgedehnt, meint die Schöpfung zu besitzen und zu beherrschen und damit auch ein Recht zu haben, sogar die Flügel der Seele zu beschneiden.

ss W! Vom psychologischen Standpunkt aus gesehen, ist *die Seele dasjenige in uns, das das Bewußtsein eines Menschen mit seinem tiefsten Innern verbindet.* Die Hauptfunktion der Seele ist das Knüpfen von Beziehungen, und die Beziehung zwischen dem Ego und der Innenwelt ist die wichtigste von allen, denn wenn diese zerrissen ist, sind Beziehungen zu anderen Menschen und zu Gott unmöglich. Ohne die lebendige Beziehung zu sich selbst, die von der Seele ermöglicht wird, ist ein Mensch wie ein Schiff ohne Ruder oder wie ein entwurzelter Baum. Ein solcher Mensch wird krank oder gewalttätig, oder er verzweifelt oder sucht Trost bei Alkohol oder Drogen.

Denn ein Mensch muß, um seine Seele zu behalten, die Identifikation mit seiner äußeren Maske aufgeben und bereit sein, sich mit seinem Innersten auseinanderzusetzen. Darüber hinaus aber muß ein Mensch, der auf der Suche nach seiner Seele ist, das *Eros*-Prinzip akzeptieren und pflegen, denn die wichtigste Eigenschaft der Seele als Beziehungsfunktion ist der Eros.

Eros ist das weibliche Prinzip par excellence. Eros ist das, was bindet, vereinigt, aufbaut und heilt. Eros ist das Bindemittel zwischenmenschlicher Beziehungen, die Quelle der Inspiration für soziale und humanitäre Angelegenheiten, das Verbindungsglied zwischen dem Bewußtsein eines Menschen und seinem Lebenssinn und die Tür, durch die ein Mensch zu geistiger Einsicht gelangt. Frauen sind naturgemäß dem Eros näher (und damit auch der Seele) als Männer, was einer der Gründe dafür sein mag, daß Frauen mehr zum Religiösen neigen und dem inneren Weg gegenüber aufgeschlossener sind. Aber auch die Männer haben eine Seele, deren Wirken vom Eros bestimmt ist.

Weil der Eros uns die Fähigkeit zur Liebe gibt, ist er auch die Grundlage des Glaubens. Glaube entspringt dem Eros, und aus Glauben entspringt Hoffnung, so daß eine Verbindung zur Seele entscheidend ist für unsere Fähigkeit, das Leben sinnvoll und positiv zu gestalten. Wohl deshalb stellt Paulus bei seinen Äußerungen über Glaube, Hoffnung und Liebe fest: «Am größten aber unter diesen ist die Liebe» (1. Kor 13).

Der Glaube ist ein entscheidend wichtiges Element auf dem Weg zum Gottesreich, aber das Wesen des Glaubens ist oft mißverstanden worden. Wenn Jesus vom Glauben spricht, meint er damit nicht das, was man als dogmatischen Glauben bezeichnen könnte. Er verlangt von niemandem irgendeinen doktrinären, philosophischen oder metaphysischen Glauben. Wenn Jesus vom Glauben redet, spricht er von einer bestimmten Fähigkeit eines Menschen, das Leben zu bejahen, einerlei, was es bringt, und auch, wenn man Zweifel hat. «Herr, ich glaube; hilf meinem Unglauben!» (Mk 9, 24). Das hat wenig oder gar nichts zu tun mit einem formalen, intellektuellen Glauben, der dem lebendigen Glauben unter Umständen in die Quere kommen kann. Es hat aber sehr viel zu tun mit der Beziehung zur eigenen Seele, denn die Seele mit ihrer Fähigkeit zur Liebe steht in Verbindung mit dem fundamentalen Lebenssinn und kann daher den Glauben inspirieren.

Beispiele für die Bedeutung des Glaubens finden sich in den Aussprüchen Jesu reichlich (vgl. Mt 8, 10; Lk 7, 9;

Mt 9, 2; Mk 2, 5; Lk 5, 20; Mt 9, 29; Mt 15, 28; Mk 11, 22; Lk 7, 50; Lk 8, 25; Mk 4, 35–41; Mt 8, 23–27). Er ist grundlegend wichtig für fast alle Heilungsgeschichten, die kennzeichnenderweise mit den Worten schließen: «Dein Glaube hat dich gerettet» (Mt 9, 22; Mk 5, 34; Mk 10, 52; Lk 8, 48; 17, 19). Ebenso wichtig ist er für die Einstellung zum Gebet:

«Wahrlich, ich sage euch: Wenn ihr Glauben habt wie ein Senfkorn, werdet ihr zu diesem Berge sprechen: Hebe dich weg von hier dorthin! Und er wird sich hinwegheben, und nichts wird euch unmöglich sein» (Mt 17, 20; Mk 11, 23; Lk 17, 6) und:

«Alles, was ihr im Gebet gläubig erbittet, werdet ihr empfangen» (Mt 21, 22).

Der Glaube als Senfkorn ist offensichtlich keine Angelegenheit des Intellekts oder des Willens, sondern eine Funktion der Seele. Ein Mensch, der mit seiner Seele in Berührung ist, hat Glauben, weil er, wie ein Senfkorn, seine fundamentale Beziehung zur Ganzheit aller Dinge empfindet. Das gläubige Gebet ist ein Gebet der Seele, und es ist wirksam gegenüber dem Bösen (Mt 17, 19–20; Lk 22, 31–34); es hat sogar die Macht, schöpferische physische Kräfte zu beeinflussen. Das Gebet selbst ist eine Tätigkeit der Seele, die auch im Leben Jesu grundlegend war und die dem Individuum den Weg zum Reich Gottes eröffnet (Lk 3, 21; Lk 5, 16; Lk 6, 12; Lk 9, 18; Lk 11, 1; Lk 22, 39–41; Mt 26, 36–46; Mk 14, 32–42).

Die weitverbreitete Ablehnung des Glaubens in unserer Zeit ist Teil unserer übermäßig intellektualisierten und rationalisierten Einstellung zum Leben. Wir sind Menschen, die einseitig Intellekt und Vernunft verehren. Wir mißverstehen den Glauben als das Hinnehmen von Glaubenssätzen oder metaphysischen Lehren, die sich wissenschaftlich nicht beweisen lassen, und deshalb lehnen wir ihn aus Verstandesgründen ab. Aber wenn es heute so wenig Glauben gibt, dann nicht deshalb, weil er unwissenschaftlich ist – denn er ist nicht in erster Linie eine intellektuelle Übung –, sondern weil unsere einseitige Ego-Entwicklung die Seele leugnet, und die Ablehnung der Seele bedeutet gleichzeitig Leugnung des Glaubens und des Eros. Wir bewerten den Intellekt höher als das Gefühl, Tüchtigkeit in der Welt höher als persönliche Bindungen, die Fähigkeit, viel Geld zu verdienen, höher als die Fähigkeit, Menschen zu heilen. Wir verehren unsere Wissenschaftler, hervorragende Intellektuelle und Kriegshelden weit mehr, als wir Männer und Frauen des Eros verehren. Sogar die heutige Religion zieht im allgemeinen die Vernunft, den Gesetzesgehorsam und puritanische Moral dem Eros vor. Oder wo diese Götter von der Jugend oder der Avantgarde verworfen werden, wird Sexualität oft fälschlich für Eros gehalten, und der Eros wird in den Sumpf der bloßen Triebbefriedigung gezogen. Infolgedessen haben viele Frauen und auch viele Männer keine Beziehung zum Erosprinzip ihrer Seele und damit auch keine Beziehung zu ihrem eigenen Selbst. Ob Mann oder Frau, die Erosseite, die zur Ganzheit der Persönlichkeit gehört, muß akzeptiert, differenziert und gelebt werden, wenn der Glaube lebendig bleiben soll und wir das Gottesreich finden wollen.

Unser Herr zeigt sowohl in seiner Person als auch in seiner Lehre eine lebendige Beziehung zur Seele. In seiner Person erweist sich seine Beziehung zur Seele daran, daß er ein äußerst starkes persönliches Mitgefühl mit Menschen hat. Jesus war tiefer, beständiger zwischenmenschlicher Beziehungen fähig, was immer ein Zeichen dafür ist, daß ein Mensch seine Erosseite gut entwickelt hat und deshalb auch mit seiner Seele in gutem Einvernehmen steht. Das führt zu einem tiefen Mitgefühl für Menschen. Als die Menge eine Frau, die beim Ehebruch ertappt worden war, steinigen will, sagt er:

«Wer unter euch ohne Sünde ist, werfe den ersten Stein auf sie!» (Joh 8, 7).

Und als er Maria und Martha besucht und Martha die Maria tadelt, weil sie nicht in der Küche hilft, sondern stattdessen zu den Füßen Jesu sitzt und ihm zuhört, sagt er:

«Maria nämlich hat das gute Teil erwählt, und das soll nicht von ihr genommen werden» (Lk 19, 42).

Die arme, treue Martha, die sich aus peinlicher Sorgfalt und Gewissenhaftigkeit gezwungen fühlt, alles zu tun, was man «sollte» und «müßte», ärgert sich über ihre Schwester, die von diesen Zwängen frei ist. Aber Marias Seele wird zu Jesus hingezogen und öffnet sich der Welt des Geistes. Jesus selbst hat für beide Frauen Verständnis, ist auf einzigartige Weise in Kontakt mit ihren Seelen, weil er mit seiner eigenen Seele vertraut ist.

Die Seele ist so wichtig, daß ohne sie nichts im Leben irgendeinen Wert hat. Äußere Dinge sind an sich nicht böse, aber ohne die Seele haben sie keine Bedeutung. Wenn ein Mensch keinen Kontakt mit seiner Seele hat, wird er mit der Ethik des Reichs Gottes nichts anfangen können. Deshalb sagt Jesus:

«Was nützte es dem Menschen, wenn er die ganze Welt gewänne, und nähme doch Schaden an seiner Seele?» (Mt 16, 26; Lk 9, 25; Mk 8, 36).

Auf typisch moderne Weise geben heutige Übersetzungen des Neuen Testaments das Wort «Seele» in diesem Vers mit «Leben» wieder. In der Zürcher Bibel, zum Beispiel, heißt es: «Denn was wird es dem Menschen nützen, wenn er die ganze Welt gewinnt, sein Leben aber einbüßt?» (Mt 16, 26). Wir betrachten unser «Leben» als etwas Äußerliches, unsere körperliche Existenz oder die äußeren Umstände, die uns umgeben. Doch die Seele ist eine psychische Realität, die den Menschen von innen heraus lebendig macht. In dem oben zitierten Vers bezieht sich Jesus auf die Seele als innere Wirklichkeit, nicht auf das äußere Leben oder die physische Existenz des Menschen, denn er macht an anderer Stelle deutlich, daß man manchmal sein Leben aufgeben muß, um es zu finden: «Wer sein Leben verliert um meinetwillen, der wird es finden» (Mt 10, 39). Das bloße Hängen am physischen Leben, wenn die Zeit gekommen ist, es aufzugeben, hat keinen Wert. Aber die Verbindung mit der Seele ist von entscheidender Bedeutung, denn ohne diese ist unser äußeres Leben sinnlos. Deshalb sagt er auch:

«Fürchtet euch nicht vor denen, die den Leib töten, die Seele aber nicht töten können, sondern fürchtet vielmehr den, der Seele und Leib verderben kann in der Hölle» (Mt 10, 28).

Hier wird offensichtlich auf eine innere Wirklichkeit von höchster Bedeutung angespielt, da ja der Verlust unseres Lebens, im Sinne unserer physischen Existenz, nicht unbedingt verhängnisvoll für unsere Seele ist, manchmal sogar wünschenswert sein kann; die Zerstörung der Seele aber ist ein schweres Unglück.

Da eine Verbindung mit der Seele eine Verbindung mit dem Erosprinzip ist, muß der Stellenwert des Eros in Beziehung zum Gottesreich weiter untersucht werden. Eros entspringt aus der Natur und trägt ein weibliches Kennzeichen. Er schwebt in Erdnähe und in der Nähe des Menschen und ist daher auch den menschlichen Leidenschaften und Instinkten nahe. Das wirft die Frage auf, welchen Platz die körperliche Natur des Menschen im Gottesreich einnimmt.

Die traditionelle kirchliche Einstellung zur Erotik und Sexualität ist bisher negativ gewesen. Es ist kein Zufall, daß Sigmund Freud, als er während der ersten Jahrzehnte dieses Jahrhunderts einen Blick in das Unbewußte tat, dort so viel unterdrückte Triebhaftigkeit entdeckte, daß er die menschliche Libido, den Trieb, für sexual-erotisch und genußsüchtig erklärte; denn Jahrhunderte «christlicher» Unterdrückung der naturhaften Seite des Menschen hatten zu einer Triebüberlastung des Unbewußten geführt. Es gibt drei Gründe dafür, daß das konventionelle Christentum weitgehend mit einer negativen Einstellung zum Instinkt und zu den natürlichen Gefühlen des Menschen identifiziert wurde.

Ein Grund ist die unnatürliche Trennung zwischen Heidentum und Christentum. Die normale «christliche» Ansicht ist die, daß das Christentum gut, das Heidentum dagegen schlecht sei und zwischen beiden keine Beziehung bestünde. Da die instinktiven, naturhaften Gefühle des Menschen schon lange vor dem Christentum existierten und in heidnischer Mythologie und in Riten ihren Ausdruck fanden, bekamen sie einen teuflischen Anstrich. Zwischen den heidnischen Mythen und Bildern und denen des Christentums sollte es keine derartige Trennung geben. Alle

Mythen haben ihren Ursprung in dem Bestreben der Psyche, in mythischer Form die tiefsten geistigen und psychologischen Wahrheiten des Menschen auszudrücken. Das christliche Bild des Gottmenschen, die Vorstellung von Tod und Auferstehung, von der wunderbaren Geburt des Erlösers, von dem göttlichen Menschen, der Heilkräfte besitzt, ist nicht von den Mythen zu trennen, die vor der christlichen Zeit bestanden, sondern ist Folge und Vollendung dieser Mythen.

Zu ersehen ist dies beispielsweise aus der Parallele zwischen der Geschichte von der Geburt und dem Tod Jesu und den Erzählungen von sterbenden und auferstehenden Göttern des östlichen Mittelmeerraumes, die es schon vor Christus in der Mythologie gab. Adonis, Tammuz, Osiris, Attis und andere haben vieles mit Christus gemeinsam. Alle diese heidnischen Gottheiten sind eng mit der Mutter verbunden; alle sind Götter der Heilung und des Heils; alle sterben früh und erstehen wieder auf; alle werden von ihren Anhängern an den entsprechenden «Karfreitagen» verehrt; die Auferstehung jeder Gottheit wird festlich begangen. Auch sterben sie alle «am Baum», das heißt, ihr Tod ist eng verbunden mit einem Baum, einem Holzkasten oder irgendeinem anderen Symbol für die große Mutter, zu der sie eine starke Beziehung haben. Aber auch Christus erfreut sich einer einzigartigen Beziehung zur Muttergottheit, in Gestalt der Jungfrau Maria; auch er ist ein Heilender und ein Wohltäter; auch er stirbt den frühen Tod und ersteht wieder auf und wird am Karfreitag und zu Ostern mit Festlichkeiten verehrt; auch er stirbt am «Baum» des Kreuzes – tatsächlich sprachen in den ersten Jahrhunderten des Christentums die Kirchenväter vom Kreuz fast immer nur als von «dem Baum». Es ist nicht schwer, die Parallelen zwischen heidnischen Mythen und der Geschichte Christi zu erkennen, woran man sieht, daß die Spaltung zwischen beiden unnatürlich ist. Das Christentum ist aus dem Heidentum hervorgegangen; es ist kein Stein, der vom Himmel gefallen ist, sondern die Vollendung eines lebendigen Prozesses, der in der Psyche des Menschen vor sich geht.

Andererseits geht das Christentum, wenn es auch aus dem Heidentum hervorgegangen ist, doch über dieses hinaus. Zunächst deshalb, weil das Christentum nicht in Form eines Mythos überliefert ist, sondern sich innerhalb der Geschichte abspielt, im Leben eines bestimmten Menschen zu einer bestimmten Zeit. Zweitens deshalb, weil Christus nicht nur zur Mutter, sondern auch zum himmlischen Vater eine lebensentscheidende Beziehung hat – dieses Element fehlt bei den sterbenden und auferstehenden Göttern vor ihm. Das gibt seiner Mission einen einzigartigen geistigen und bewußten Charakter, so daß für Christus der Tod am Kreuz kein unfreiwilliger ist, wie es bei den anderen der Fall war, sondern Christus entscheidet sich dafür freiwillig und bewußt, aus einem geistig-seelischen Grund.

Deshalb ist seine Auferstehung ein Ereignis, das ein für alle Mal gilt, weil Christus am Wesen des himmlischen Vaters teilhat, während die Auferstehung der anderen zyklisch geschah, denn da sie nur Naturgottheiten waren, starben sie jedes Jahr und erstanden jährlich wieder auf. Die sterbenden und auferstehenden Götter des Heidentums waren Gottheiten, deren Tod und Leben dem Kreislauf der Natur folgten. Christus entstammt ebenfalls der Natur, aber er hat Kontakt zum Geist, und deshalb ist seine Auferstehung linear, nicht zyklisch. All dies unterscheidet das Christentum vom Heidentum, und dennoch enthält das Christentum auch das weibliche, naturhafte heidnische Element. Aber die Kirche hat dies naturhafte Element abgespalten und dadurch die Ganzheit, die der Inkarnation innewohnt – wo in Christus Natur und Geist eins wurden –, verloren.

Dies führt uns zum zweiten Punkt. Zwischen der körperlichen und der geistigen Seite des Menschen hat lange Zeit eine starke Spannung bestanden. Die Seite des Instinkts und die Seite der Moral – das Körperliche und das Verstandesmäßige – stehen zueinander in Gegensatz. Das Christentum erlaubte der geistigen, moralischen, bewußten Seite des Menschen, sich zu entfalten wie niemals zuvor. Doch diese Seite des Menschen wird leicht von der menschlichen Triebhaftigkeit überwältigt, so daß es den Anschein hat, als wären die beiden Feinde. Obgleich die Inkarnation die beiden Seiten miteinander vereinigte, war diese Einheit doch mehr, als die frühe Kirche verkraften konnte. Die Menschen jener Zeit lebten noch zu instinktiv; sie waren noch zu sehr in der Gefahr, von ihren Trieben überwältigt zu werden, so daß es für sie psychologisch notwendig war, den Instinkt zu verleugnen, damit die neuerworbene Welt des Geistes stärker werden konnte. Doch selbst wenn diese Verweigerung zu einer bestimmten Zeit ein psychologisch notwendiger Schritt auf dem Wege menschlicher Entwicklung gewesen sein mochte, so ist er in unserer Zeit nicht mehr angebracht, denn wir müssen uns jetzt um eine Synthese bemühen.

Der dritte Grund für die Trennung von Körper und Geist, die das traditionelle Christentum unterstützt hat, ist der alte Streit in der Kirche zwischen Christentum und Gnostizismus. Diejenige Form des Heidentums, die für das Christentum die größte Gefahr bedeutete, war der Gnostizismus. Die Gnostik, ein kompliziertes Heilssystem mit unzähligen Varianten, war für das Christentum gerade deshalb so gefährlich, weil sie ihm so ähnlich war. Tatsächlich begannen viele gnostische Lehrer Christus in ihr Heilsschema einzubeziehen, als das Christentum an Einfluß gewann. Das machte die Gnostiker noch gefährlicher, denn wenn man es zugelassen hätte, wäre die Einzigartigkeit des Christentums in den unübersehbaren eklektischen gnostischen Pantheons und Spekulationen verlorengegangen.

Die Kirchenväter waren sich dieser Gefahr bewußt. Ihnen widerstrebte im Gnostizismus am meisten, daß er die Materie mit dem Bösen gleichsetzte und die körperliche Seite des Menschen als zur Welt des Teufels gehörig ablehnte. Unerschrocken wiesen die Kirchenväter diese gnostische Einstellung zur Materie zurück und errichteten beharrlich die theologische Basis für das Christentum: daß Christus ganz Mensch war, daß er einen menschlichen Leib hatte, daß er litt und eines physischen Todes starb, daß Gott die materielle Welt geschaffen hat und daß sie gut war.

Die Kirche hatte nun zwar theologisch den Kampf gegen die Gnostiker gewonnen, psychologisch hatte sie ihn jedoch verloren, denn sie predigte weiterhin eine *Ethik*, die die körperliche Seite des Menschen letzten Endes doch als böse abstempelte. Es war die Ethik der Askese, die den Leib zugunsten des Geistes abwertete und im Grunde genommen Leidenschaft mit Sünde gleichsetzte. So wurde die Kirche schließlich doch teilweise gnostisch, und in ihrer Einstellung zur Sünde und zur naturhaften Seite des Menschen sind heute viele sogenannte «Christen» in Wirklichkeit Gnostiker.

Doch bei Jesus gibt es keine Askese und keine Gnostik,

keine Abwertung des Leiblichen und keine Abspaltung vom Natürlichen. Im Gegenteil: Von den Pharisäern wurde ihm vorgeworfen, er sei ein «Weinsäufer und ein Vielfraß». Die Sünden, die Jesus attackierte, waren keine fleischlichen Sünden. Natürlich sollte der Mensch seinen Körper nicht in sündhafter Weise mißbrauchen; aber die gefährlichsten Sünden sind die des Geistes. Heuchelei, Betrug, Selbstgerechtigkeit, Gemeinschaft mit dem Satan – das waren die echten Todsünden; sie waren für die Seele weitaus gefährlicher als körperliche Exzesse. Mit keinem einzigen Satz hat Jesus die instinkthafte Seite des Menschen verdammt. Im Gegenteil: Seine Sprache ist voll von Bildern aus der Natur; er liebte die Dinge der Welt und benutzte weltliche Bilder, um das Wesen des Göttlichen auszudrücken.

Wenn Jesus nicht verheiratet war, dann lag das nicht daran, daß er gegen Sexualität oder gegen Frauen negativ eingestellt gewesen wäre, sondern daran, daß er sich einer einzigartigen Mission bewußt war, die eine Heirat ausschloß, und auch daran, daß er die Ehe *in sich* trug. Seine Ehe war eine innerliche, die Vereinigung von Männlichem und Weiblichem in ihm selbst, wie wir später noch ausführlicher sehen werden. Er stand dem Weiblichen keineswegs feindlich gegenüber, sondern hatte immer engen Kontakt zu Frauen. Das ist besonders erstaunlich, weil es zu seiner Zeit einem Mann nicht erlaubt war, soziale Beziehungen zu Frauen zu haben. Aber Jesus zählte Frauen zu seinen engsten Freunden; sie kamen ihm mit tiefer Liebe und Dankbarkeit entgegen; sie standen unter seinem Kreuz und waren die ersten am leeren Grab.

Sobald wir uns mit dem Unbewußten beschäftigen, erkennen wir, daß Jesus recht damit hatte, die naturhafte

Seite des Menschen nicht abzulehnen. Der Mensch ist eine Ganzheit aus Leib, Seele und Geist. Er ist nicht nur eins von diesen, sondern alles zusammen in einer mystischen Einheit. Wenn eine bestimmte Seite des Menschen verleugnet wird, dann gefährdet das die Ausdrucksmöglichkeit der anderen Seiten. Wenn also Menschen bestreiten, aggressive Gefühle zu haben, bestreiten sie auch, sexuelle Empfindungen zu haben; und wenn die sexuellen Empfindungen nicht bewußt anerkannt werden können, wird es unmöglich, dem Eros zu entsprechen. Doch wenn der Eros unterdrückt wird, dann wird auch das geistige Leben unterdrückt; es wird starr, hart, übermäßig kritisch und unschöpferisch. Der Mensch ist eine organische Ganzheit. Wenn irgendein Teil des Menschen leidet, leidet der gesamte menschliche Organismus. Soll der ganze Mensch leben, frei sein, zum Ausdruck kommen, dann müssen alle menschlichen Seiten bewußt anerkannt und als Geschenk Gottes freudig hingenommen werden.

Das Triebleben und die Emotionen sollen zwar bewußtgemacht werden, doch sollen sie den Menschen nicht mehr beherrschen als der Geist. Wenn alle Lustempfindungen und alle sinnlichen oder erotischen Wünsche ohne Rücksicht auf andere Werte befriedigt werden, geschieht das auf Kosten der geistigen Natur und der Ganzheit des Menschen. Die Befreiung des natürlichen Menschen ist keine Befreiung zur Zügellosigkeit, sondern zur Bewußtheit. Wer nur nach dem Lustprinzip handelt, verleugnet sowohl den Eros, der Beziehungen und Befriedigung sucht, als auch den Geist, der nach Sinn und Vollkommenheit strebt. Die Ethik des Gottesreichs verlangt, daß *alle* Seiten des menschlichen We-

sens bewußt werden, aber es darf keine auf Kosten der anderen dominieren.
Unser modernes Zeitalter neigt dazu, dies zu vergessen. Es hat gemeint, es könne den Trieb freimachen, indem es ihm Zügellosigkeit gewährt, aber dies ist auf Kosten der zwischenmenschlichen Beziehungen und des Geistes geschehen. Die Folge war nicht die Ganzheit oder Gesundheit, sondern eine weitere Form der Neurose und Krankheit, die ebenso lästig ist wie diejenige, die durch die Unterdrückung des Triebes entsteht.
Ein nur allzu typischer Fall aus meiner seelsorgerlichen Erfahrung mag dies illustrieren. Ein junger Mann und eine junge Frau entscheiden sich dafür, zusammen zu leben ohne zu heiraten; dann rechtfertigen sie dies mit dem Hinweis, daß sexuelle Gefühle vom konventionellen Zwang befreit werden müssen. Während der ganzen Zeit weiß der junge Mann, daß er das Mädchen nicht liebt und hat Kontakt mit einem anderen Mädchen, das er heiraten möchte. Die junge Frau, mit der er schläft, bemüht sich inzwischen nach Kräften, schwanger zu werden. Keiner liebt den andern, weder romantisch noch als menschliches Wesen. Der junge Mann benutzt die Frau als Objekt, einen Körper, mit dessen Hilfe er sich befriedigen kann; er hat Spaß daran und beseitigt dadurch die Zweifel an seiner Männlichkeit. Die junge Frau benutzt ihn ihrerseits. Sie hofft, schwanger zu werden, um dadurch, gegen seinen Willen, eine Heirat zu erzwingen, und sie ist eher bereit, sich ihm gegenüber zu prostituieren, als die Angst zu ertragen, vielleicht ohne Mann zu bleiben. Das Verhältnis ist keine freie Liebe, sondern freier Sex, denn Liebe ist nicht dabei. Die Folge ist eine Zerstörung des Eros, denn in dieser Beziehung gibt es nur Manipulation, aber keinen Eros. Für beide

ist es eine entmenschlichende Beziehung, denn jeder benutzt den anderen. Und der Geist wird vollkommen verleugnet, denn keiner der beiden Partner überprüft das Verhalten des anderen an Hand eines Wertsystems, das nicht egozentrisch wäre. Doch die Sünde dabei ist nicht der Sex an sich, sondern die Unbewußtheit der beiden Leute, die dadurch zu Opfern ihres Egoismus werden.

Wie kommt man aus diesem Dilemma heraus? Der Weg des Gottesreichs bedeutet, die Gegensätze im Menschen zu vereinen und dadurch Gott zu finden. *Wenn wir uns all dessen, was in uns ist, völlig bewußt sind, das Feuer unserer Emotionen akzeptieren und stark empfinden, aber dieses Feuer im Schmelztiegel unserer gesamten Persönlichkeit zurückhalten, dann kann ein Prozeß der Vereinigung und Verwandlung stattfinden, durch den wir auf eine höhere Ebene des Seins gehoben werden.* Doch um das tun zu können, brauchen wir einen höheren Wert, dem sich das Triebleben unterordnen muß. Deshalb sagt Jesus:

«Ihr habt gehört, daß gesagt ist: ‹Du sollst nicht ehebrechen.› Ich aber sage euch: Jeder, der eine Ehefrau ansieht, um sie zu begehren, hat ihr gegenüber in seinem Herzen schon Ehebruch begangen» (Mt 5, 27–28).

Eine Frau begehrlich anzusehen, heißt, sie nur zum Zweck der Lustbefriedigung zu begehren. Das macht die Frau zu einem Objekt, zu etwas, das man für eine egozentrische Befriedigung benutzen kann. Es bedeutet eine Entpersönlichung der Frau und entpersönlicht uns selbst infolgedessen auch. Wo nur Lust befriedigt wird, geschieht dies auf Kosten des Eros, der nach persönlicher Beziehung verlangt, und auf Kosten des Geistes, der alles einem höheren Sinn unterordnet. Ein Mann, der eine schöne Frau ansieht und abstreitet, daß er sexuelle Phantasien über sie haben könnte, lügt entweder oder hat den Kontakt mit seinem Triebleben verloren. Fast jeder Mann würde physisches Vergnügen daran finden, mit einer begehrenswerten Frau zu schlafen. Aber der Mensch, der in das Reich Gottes gelangen will, läßt seine Sexualität nicht zur Lüsternheit werden, denn sonst würde sein Trieb, unter Ausschluß von Eros und Geist, der Teil werden, der das Ganze beherrscht, und damit dem Bösen dienen.

Die Ethik des Gottesreichs fordert, daß die Sexualität bewußtgemacht, aber nicht eher ausgedrückt wird, als bis der Ausdruck die Prinzipien von Eros und Geist gleichermaßen enthält. Das erklärt den sonst rätselhaften Ausspruch Jesu über Eunuchen. Nach einem Gespräch über die Ehe sagt Jesus:

«Nicht alle fassen dieses Wort, sondern die, denen es gegeben ist. Denn es gibt Verschnittene, die von Mutterleib an so geboren sind, und es gibt Verschnittene, die von den Menschen verschnitten worden sind, und es gibt Verschnittene, die sich selbst verschnitten haben um des Reiches der Himmel willen. Wer es fassen kann, fasse es!» (Mt 19, 11–12).

Jemand, der um des Gottesreichs willen Eunuch geworden ist, hat den direkten, körperlichen Ausdruck seiner Sexualität geopfert um eine höhere Vereinigung der Gegensätze in sich selbst zu vollenden. Er ist sich seiner sexuellen Gefühle bewußt und akzeptiert sie, erlaubt aber nicht ihre direkte Befriedigung. Auch dem starken Eros, den er vielleicht empfindet, wird keine Vollendung in einer sexuellen Beziehung mit dem geliebten Menschen gestattet, obschon die erotischen Empfindungen nicht unterdrückt, sondern bewußtgemacht werden. Die Beherrschung des inneren Feuers hat eine innere Entwicklung zur Folge, das Zustan-

dekommen einer inneren Ehe, die gleichbedeutend ist mit dem Reich Gottes.
Das ist der Grund dafür, daß Plato in seinen Dialogen «Phaidon» und «Symposion» die platonische Liebe empfahl. Platonische Liebe ist nicht etwa eine Liebe ohne Gefühle oder sexuelle Empfindungen. Plato macht, im Gegenteil, ganz deutlich, daß eine solche Liebe stark und voller Begierde ist. Aber durch den Verzicht* auf eine Konkretisierung der Liebe in einer Sexualbeziehung, sagt Plato, wird der Gott Eros herbeigerufen. Eros führt dann den Liebenden in das Reich der Ideen, und die gesamte Entwicklung dieses Menschen wird sittlich gehoben.
Dies ist auch der Grund dafür, daß die frühe Kirche so oft Keuschheit empfahl. Erst später wurde daraus ein Teil der Polemik gegen Sexualität; zunächst sollte die Keuschheit die Seele darauf vorbereiten, Christus als Bräutigam zu empfangen. An Stelle einer konkreten, äußerlichen Liebe, in Form einer Sexualbeziehung, sollte die Liebe eines Menschen so bewußt, aber auch zurückhaltend sein, daß dadurch die Seele darauf vorbereitet würde, den himmlischen Bräutigam zu empfangen. So wurde statt der äußeren Ehe die innere Ehe erreicht.
Wenn wir des Eros und der Sexualität bewußt sind, aber keinen unerlaubten Gefühlen einen konkreten Ausdruck gestatten, bekommen wir eine Beziehung zu jenem Bild von der Vereinigung der Gegensätze, dem archetypischen Bild, das aller Sexualität und allen erotischen Beziehungen zugrundeliegt. Wie wir in Kapitel 10 sehen werden, ist das Bild, durch welches das Gottesreich am deutlichsten

* vgl. Denis Vasse, *Bedürfnis und Wunsch* (Olten 1973), der den Sinn des Verzichts psychoanalytisch erhellt und ihn vom Verdacht eines platonischen Spiritualismus befreit. (D. Ü.)

dargestellt wird, das Bild von der himmlischen Hochzeit. Dieses zentrale Bild, das machtvollste aller seelischen Symbole des Menschen, ist auch eine Konstellation sexueller Gefühle und Phantasien. Solange wir der leichtfertigen Befriedigung der Gefühle leben, die durch dieses Bild hervorgerufen werden, solange werden wir nicht die innere Vereinigung, die Ganzheit, die das Bild von uns verlangt, erreichen; denn dann versuchen wir, die Ganzheit auf unbewußtem, unindividuellem, äußerlichem Wege zu verwirklichen, anstatt sie ganz bewußt im Inneren zu realisieren.

Die Ethik des Gottesreichs ist eine Ethik des Bewußtseins. Um das Gottesreich zu erlangen, müssen wir alles, was zu uns gehört, bewußt anerkennen und als echten Bestandteil unserer Ganzheit akzeptieren. Auch Sexualität und Eros, die eine gnostizistische Kirche allzulange aus dem Bewußtsein ausgeklammert hatte, müssen bewußt anerkannt werden. Auf diese Weise wird die Verbindung zur Seele aufrechterhalten; denn solange wir nach Bewußtsein streben, behalten wir unsere Seele, wenn wir aber auf Bewußtsein verzichten und das ablehnen, was zu uns gehört und es in die Finsternis verbannen, verlieren wir unsere Seele. Durch die Verbindung mit der Seele kann unsere gesamte Persönlichkeit allmählich zu bewußtem Ausdruck kommen. Jetzt geht die Bewegung zu einer Synthese, zu einer tiefen Einheit des Wesens. Zwangsläufig werden auch Teile unseres Wesens, die lange übersehen wurden, lange in die Dunkelheit unserer inneren Hölle verbannt waren, an die Oberfläche kommen. Was einst in uns selbst verlorengegangen war, wird nun entdeckt werden, und das wird ein Ereignis von größter Bedeutung sein.

ACHTES KAPITEL

Die verlorene Münze

Durch die Beziehung des Bewußtseins zur Seele ist es nun möglich, die gesamte Innenwelt zu erkennen und zu integrieren. Die Einrichtung des Gottesreichs im Leben eines Individuums bedeutet auch den Einschluß all dessen, was bisher noch unerkannt und unbewußt gewesen war. Das ist durchaus nicht immer angenehm und erfreulich, denn vieles von dem, was integriert werden muß, erscheint auf den ersten Blick anstößig, minderwertig oder unerwünscht und folglich sogar teuflisch. Doch ohne diese «verlorengegangenen» Aspekte unserer Persönlichkeit kann die «Vollkommenheit» – das heißt die Ganzheit – des Gottesreichs nicht zustandekommen, denn diese Aspekte bilden unsere noch uneingelöste Menschlichkeit, die jetzt entdeckt werden muß.

Es ist nicht zu vermeiden, daß im Laufe der Entfaltung unseres Charakters vieles von dem, was eigentlich zu unserem Wesen gehört, unentwickelt bleibt. Unsere frühe Identifikation mit der Maske bewirkt den Ausschluß eines großen Teils unserer Gesamtpersönlichkeit. Auch unsere Identifikation mit unserer Männlichkeit, wenn wir Männer, oder mit unserer Weiblichkeit, wenn wir Frauen sind, schließt viele unserer Möglichkeiten aus. Wir wissen außerdem, daß das Ego, um in der Welt wirkungsvoll tätig sein und mit dem Leben fertig werden zu können, diejenigen psychologischen Funktionen kultivieren wird, die es zu einem eigenen größtmöglichen Vorteil, und auf Kosten von anderen, gebrauchen kann. Zunächst ist eine solche Einseitigkeit nötig, damit das Ego sich in der Welt zurechtfindet; aber später blockiert das, was einst eine nützliche Anpassungsleistung war, den weiteren Weg, denn eine einseitige Entwicklung bewirkt, daß zuviel von der gesamten Persönlichkeit unentwickelt und damit im Chaos des Unbewußten bleibt. Dieses unentwickelte Selbst ist das «ungelebte Leben», das auf legitime Weise lebendig gemacht werden muß, damit das Himmelreich verwirklicht werden kann.

Die unentwickelte Seite unseres Wesens erscheint in unseren Träumen. Sie kann in Gestalt eines Bettlers auftreten, der an unsere Tür kommt, oder als minderwertiges Geschöpf oder als verkrüppelter oder sonstwie benachteiligter Mensch oder als noch unentwickeltes Kind. Die Notwendigkeit, diesen Teil unseres Wesens zurückzugewinnen, kann sich in einem Traum spiegeln, in dem wir einen großen Abhang sehen, oder in einer Traumgestalt, die um Hilfe ruft, oder in einer höllenähnlichen Szenerie, denn die Hölle ist der Aufenthaltsort für alles das in uns, was vom Bewußtsein abgetrennt und vom Leben ausgeschlossen ist.

Das ungelebte Leben kann auch gelegentlich die Initiative ergreifen und um Befreiung bitten; in einem solchen Fall gibt es eine große innere Unruhe, einen heftigen inneren Aufstand, weil die unausgelebten Teile unseres Wesens revoltieren. Wenn wir uns mit der Rebellion identifizieren, wird das für unsere Umgebung ein furchterregendes Erlebnis sein. Ehemann oder Ehefrau, Eltern oder Kollegen werden möglicherweise erschrecken über die plötzlichen Veränderungen, die sie miterleben. Wenn wir uns nicht mit den tobenden Mächten identifizieren, werden wir selber Angst bekommen; denn ein solcher Mensch erschreckt zutiefst über sich selbst, fürchtet vielleicht sogar, wahnsinnig zu werden oder meint, die Rebellion dadurch unterdrücken zu müssen, daß er seine Zuflucht zu Drogen oder anderen psychologischen Mitteln nimmt. Die Rebellion verlorener Teile der Psyche kann auch im sozialen Bereich stattfinden, so daß zeitweise große soziale Unruhe entsteht, weil die Menschen von kollektiven inneren Kräften bewegt werden, deren sie sich nur vage bewußt sind. Ein derartiger sozialer Aufruhr findet fraglos heute statt, da der lange unterdrückte «Dionysos» auszubrechen versucht. Erdbeben, Kriege, Aufstände, Überschwemmungen – all dies sind typische Traumbilder, die mit der stürmischen Forderung aus dem Innern zu tun haben, das bisher Unterdrückte und Verleugnete mit einzubeziehen.

Es gibt eine Menge Aussprüche Jesu, in denen von der Notwendigkeit die Rede ist, das Verleugnete wieder zu akzeptieren, damit das Gottesreich vollkommen werden kann. Jesus sagt:

«Der Sohn des Menschen ist gekommen, um das Verlorene zu suchen und zu retten» (Lk 19, 10).

In seinem missionarischen Eifer hat das Christentum unter diesem Ausspruch gewöhnlich verstanden, daß Christus gekommen sei, um die Menschen «da draußen», die verlorengegangen seien, zu retten. In früheren Zeiten mochte sich das auf die Nichtjuden bezogen haben; in neuerer Zeit hat man es auf jeden bezogen – vom Slumbewohner bis zum Eingeborenen des finstersten Amazonasgebietes –, den man für «verloren» hielt, weil er noch nicht christianisiert war. Zweifellos enthält dieser Ausspruch Jesu *auch* eine äußere Bedeutung; er ist gekommen, um alle Menschen, die für Gott verloren sind, zu retten. Aber er bezieht sich auch auf das Innere. Er ist gekommen als der Menschensohn, als Archetyp menschlicher Vollkommenheit, um alle diejenigen Bestandteile des menschlichen Wesens, die für das Bewußtsein verloren sind, zu suchen und zu retten, wo sie auch sein mögen. Der Akt der Erlösung ist nicht nur ein äußerer und sozialer, er ist auch ein innerlicher und psychologischer.

«Wenn du eine Mittag- oder Abendmahlzeit veranstaltest, so rufe nicht deine Freunde, noch deine Brüder, noch deine Verwandten, noch reiche Nachbarn, damit nicht etwa auch sie dich wieder einladen und dir Vergeltung zuteil wird. Sondern wenn du ein Gastmahl veranstaltest, so lade Arme, Krüppel, Lahme, Blinde ein, und du wirst glückselig sein, weil sie es dir nicht vergelten können; denn es wird dir vergolten werden bei der Auferstehung der Gerechten» (Lk 14, 12–14).

Dies ist einer der vielen Aussprüche Jesu, die sich sowohl auf die soziale als auf die psychologische Einstellung beziehen, die der Christ kultivieren soll. Sozial soll er in seinen Interessenkreis diejenigen Menschen seiner Umgebung mit einbeziehen, die unglücklich sind. Psychologisch soll er diejenigen Teile seines Wesens, die bislang unentwickelt geblieben sind, in sein Denken einbeziehen. Dies erscheint auf den ersten Blick unnütz, als ob wir etwas in uns akzeptieren müßten, was unakzeptabel, nutzlos ist und zu unseren bewußten Absichten im Gegensatz steht. Was soll uns das nützen? Doch wenn das Gottesreich kommt, wenn «die Gerechten auferstehen», werden wir reichlich belohnt, denn wir werden den Weg für die Ganzheit geebnet haben.

Es gibt auch viele Gleichnisse, die von der Notwendigkeit sprechen, das minderwertige Element mit einzubeziehen. Eins ist das Gleichnis von Lazarus und dem reichen Mann (Lk 16, 19–31). Da war ein reicher Mann, der im Leben alles hatte, was er wollte, und ein Bettler namens Lazarus, der gar nichts besaß und der nur nach den Brocken verlangte, die von des Reichen Tisch fielen. Als beide starben, kam der Reiche in den Hades, wo er Qualen erleiden mußte, aber Lazarus kam in Abrahams Schoß. Der reiche Mann bat Abraham, er möge Lazarus zu ihm schicken, damit er ihm die Zunge kühle und ihm die Marterqualen erträglicher mache. Doch Abraham erwiderte, es sei nicht nur richtig, daß der reiche Mann diese Erfahrung mache, genau das Gegenteil von dem, was er auf Erden erlebt hatte, sondern überdies gäbe es jetzt eine breite Kluft zwischen den beiden, so daß Lazarus nicht hinüberkommen könnte, selbst wenn er wollte. Der Reiche bat Abraham, er möge doch Lazarus zu seinen fünf Brüdern schicken, damit er sie zur Buße dränge, ehe es zu spät sei. Abraham sagte: «Sie haben Moses und die Propheten.» Der reiche Mann beharrte darauf, daß das nicht genüge; wenn aber jemand von den Verstorbenen zu ihnen käme, würden sie Buße tun. Darauf antwortete Abraham:

«Wenn sie auf Moses und die Propheten nicht hören, werden sie sich auch nicht gewinnen lassen, wenn einer von den Toten aufersteht.»

Oberflächlich wirkt dies wie eine Geschichte, die die frühe Kirche in Umlauf gesetzt oder sogar erfunden haben könnte, um den Juden, die nicht an die Auferstehung glauben wollten, den Kopf zurechtzusetzen. Wenn dies aber innerlich verstanden wird, ist der reiche Mann das Ego, das alles hat, was es will, und einer Hybris zum Opfer fällt, einer übertriebenen Vorstellung der eigenen Wichtigkeit, und daher ungerechterweise die ganze Psyche beherrscht. Der arme Mann Lazarus ist der Zurückgestoßene, eine Gestalt, die vom Ego ins Unbewußte gedrängt worden ist, wo sie das Bewußtsein um Anerkennung und um Nahrung bittet, die ihr aber verweigert wird. Wenn eine solche Situation andauert, kann es schließlich zu einer Umkehrung der Verhältnisse kommen. Früher oder später wird ein solches Ego in das Höllenfeuer des Unbewußten gestoßen; nur auf diese Weise kann die Hybris überwunden werden, wie aus dem Fall des Königs Nebukadnezzar zu ersehen ist (Daniel, Kapitel 4). Deshalb hatte Abraham völlig recht, als er darauf hinwies, daß die Brüder des Mannes nicht Buße tun würden, egal, wer zu ihnen käme. Buße ist einem Ego, das übertriebene Vorstellungen von der eigenen Wichtigkeit hat, nur möglich, indem es in das Feuer des Unbewußten geworfen wird, ein Feuer, das von all den verdrängten psychischen Inhalten des Wesens genährt worden ist. Die «minderwertige Person», in der Geschichte also Lazarus, wird ihrerseits von Gott erhöht. Die Geschichte zeigt, daß das, was der Mensch als minderwertig, unwürdig und verächtlich betrachtet hat, von Gott bevorzugt, geliebt und erhöht wird.

In dieser Geschichte gibt es keine Erlösung. Eine große Kluft hat sich nun zwischen dem reichen Mann in der Hölle und Lazarus in Abrahams Schoß aufgetan. Die große Kluft ist natürlich vom Ego selbst aufgerissen worden. Sie ist die unausweichliche Folge davon, daß das Ego sich weigert, die innere Wirklichkeit anzuerkennen. Nun muß das Ego die Konsequenzen der großen Kluft erleiden, um der gesamten Psyche bewußt zu werden. Christlich gesprochen, ist eine Erlösung aus dieser Situation nur durch Christus möglich, der selbst in die Hölle hinabsteigt und dadurch die Kluft überbrückt. Psychologisch betrachtet, bedeutet das Bild vom Abstieg in die Hölle, daß trotz der Kluft, die das Ego in der Psyche aufreißt, und trotz der Schaffung einer inneren Hölle, Christus die Spaltung überbrücken kann, indem er in alle Teile unseres Seins eindringt.

Zwei andere Gleichnisse, die das Thema der Wiedergewinnung verlorener oder minderwertiger Teile des Charakters behandeln, sind die Gleichnisse vom verlorenen Schaf und von der verlorenen Münze.

«Was meint ihr? Wenn ein Mensch hundert Schafe hat, und es verirrt sich eins von ihnen, wird er nicht die 99 auf den Bergen lassen, und geht er nicht hin und sucht das verirrte? Und wenn es sich begibt, daß er es findet, wahrlich, ich sage euch: Er freut sich über dasselbe mehr als über die 99, die nicht verirrt waren» (Mt 18, 12–14; Lk 15, 4–7).

Es ist interessant, daß es sich hier um genau hundert Schafe handelt. Jesus hätte auch sagen können: «Ein Schäfer verlor ein Schaf» oder «Ein Mann hatte eine große Schafherde». Die besondere Verwendung der Zahl 100 ist Bestandteil des Gleichnisses und hat, wie alle Zahlen im Neuen Testament, eine innere Bedeutung; denn Zahlen hatten für die frühen Christen eine geheimnisvolle Bedeutung – oder waren, wie wir heute sagen würden: psychologisch bedeutsam. Die fünf Brüder in der Geschichte von Lazarus beziehen sich wahrscheinlich auf die Chiffre für Menschlichkeit, denn wir haben fünf Sinne und fünf körperliche Extremitäten. Die Zahl 5 wird oft im Zusammenhang mit dem körperlichen oder natürlichen Menschen gebraucht. Der Leib Christi trug fünf Wunden.

Der heilige Augustin sagt: «Wir dürfen nicht die Wissenschaft von den Zahlen verachten, die in vielen Teilen der Heiligen Schrift dem sorgfältigen Deuter hervorragende Dienste leisten kann.» Weiter sagt er, daß alle heidnischen Studien abgelehnt werden müssen, außer «den Wissenschaften der Beweisführung und der Zahlen», und unter Wissenschaft der Zahlen versteht er sowohl die gewöhnlichen mathematischen Eigenschaften der Zahlen als auch ihre mystische Bedeutung. Die Bedeutung des inneren Gehaltes von Zahlen für die biblische Interpretation ist so groß, daß er erklärt: «Unkenntnis der Zahlen hindert uns daran, Dinge zu verstehen, die in der Schrift figurativ und mystisch ausgedrückt sind.» Augustins Einstellung hierbei ist typisch für die im allgemeinen mystische, psychologische Einstellung der frühen Christen. Wir könnten dies alles als Aberglauben ablehnen und die Vorstellung verwerfen, daß Jesus, wenn er Zahlen verwendete, irgendwelche tiefere Bedeutung im Sinne hatte – wenn nicht auch in unseren Träumen Zahlen vorkämen, die eigentümlich charakteristische Bedeutungen haben. Wie in diesem Gleichnis, so spielt auch in unseren Träumen häufig *die Zahl* eine große Rolle. Wir befinden uns in Gesellschaft von genau vier Personen, bekommen eine Rechnung über genau 500 Mark oder bemerken in unserem Traum, daß es genau acht Uhr morgens ist. In einem solchen Fall weist der Traum durch die Verwendung von Zahlen auf eine bestimmte archetypische Bedeutung nachdrücklich hin.

In der frühen Kirche war die Zahl 10 mit ihrem Vielfachen, 100 oder 1000, die göttliche Zahl. Wie die Summe der vier ersten Zahlen, 1, 2, 3, 4, war sie die Zahl für die

Einheit; aber im Gegensatz zu 1, die eine Einheit auf niedriger Stufe repräsentierte, stand 10 oder ihr Vielfaches für die Einheit auf einer komplizierten Ebene: die Vielen, die zu Einem vereinigt sind. Deshalb war sie die Zahl für die Ganzheit oder für Gott. Methodius schreibt: «Denn eintausend, das aus hundert multipliziert mit zehn besteht, umfaßt eine volle und vollkommene Zahl.» *Deshalb ist der Verlust eines einzigen Schafes so außerordentlich wichtig.* Das eine verlorene Schaf muß wiedergefunden werden, sonst sind die hundert nicht vollständig; wenn es zur Vollständigkeit gehörte, könnten es ebensogut siebenunddreißig oder fünfundvierzig wie neunundneunzig sein. Dies erklärt auch die große Freude über das wiedergefundene eine Schaf. Die Wiedergewinnung des Verlorenen ist ebenso wichtig wie das Behalten der neunundneunzig, weil es für die vollständige Anzahl wesentlich ist.

Psychologisch gesehen, repräsentiert das eine verlorene Schaf den verlorenen Teil unseres Wesens, den Teil unserer gesamten Persönlichkeit, der in die Tiefe gesunken, in der Hölle unserer inneren Spaltung gefangen ist und der anerkannt und zum Ausdruck gebracht werden muß, wenn wir vollständige Wesen werden sollen. Ein ähnliches Motiv findet sich im Gleichnis von der verlorenen Münze.

«Oder welche Frau, die zehn Drachmen hat, zündet nicht, wenn sie eine Drachme verliert, das Licht an und kehrt das Haus und sucht mit Fleiß, bis sie sie findet? Und wenn sie sie gefunden hat, ruft sie ihre Freundinnen und Nachbarinnen zusammen und sagt: Freuet euch mit mir! Denn ich habe die Drachme gefunden, die ich verloren hatte» (Lk 15, 8–9).

Nun ist eine Drachme keine sehr wertvolle Münze. Aber die Frau, die dieses Geldstück verloren hat, bemüht sich sehr, sie zu finden, und als ihr das geglückt ist, veranstaltet sie ein Freudenfest. Dies wird von K. C. Pillai so erklärt, daß im Orient eine Frau bei ihrer Verlobung vom Bräutigam als ein Unterpfand der Liebe und Treue zehn Münzen erhielt. Diese Münzen muß sie ihr ganzes Leben lang aufbewahren. Wenn sie sie aus Nachlässigkeit verlor, war das eine furchtbare Schande und ein böses Omen für die Ehe. Dies würde erklären, weshalb die Frau sich solche Mühe gab, die verlorene Münze wiederzufinden, und warum sie ihre Freundinnen zusammenrief, um den Fund zu feiern. Wir sehen hier wieder die Symbolik der Zahl 10. Die fehlende Münze ist notwendig für die Vollständigkeit. Soweit es den symbolischen Wert betrifft, könnte man natürlich ebensogut acht oder neun Münzen statt einer einzigen verlieren.

Die verlorene Münze ist wiederum der verlorengegangene Teil unseres Wesens, der minderwertige Teil, der wiederentdeckt werden muß, wenn wir vollkommen werden sollen. Man beachte außerdem, daß die Frau «ein Licht anzündet». Um zu finden, was in uns selbst verlorengegangen ist, ist ein Akt des Bewußtseins nötig, das Anzünden unseres geistigen Lichts und anschließend ein gründliches Durchforschen unserer Seele, ein Auskehren der Innenwelt.

Der innere Gehalt dieser Gleichnisse entging den frühen Kirchenvätern keineswegs. Gregor von Nyssa sagt im Hinblick auf das verlorene Schaf, es stelle «unsere verlorene Menschlichkeit» dar. Über die verlorene Münze schreibt er, die Frau sei die Seele, und das Licht, das sie anzünde, bedeute «zweifellos unseren Verstand, der ein Licht auf verborgene Prinzipien wirft» (das heißt Bewußtsein, welches das verborgene Unbewußte erfaßt). Die Münze, so vermerkt er, findet man «im eigenen Haus, das heißt in sich selbst». Dann fährt er mit einer höchst interessanten Beobachtung hinsichtlich der Münze fort: «Mit dieser Münze weist das Gleichnis ohne Zweifel auf das Bild unseres Königs hin, der zwar noch nicht hilflos verloren, aber unter Schmutz verborgen ist.» Dieser Schmutz «ist die Unreinheit unseres Fleisches, das, wenn es durch Achtsamkeit im Leben ausgekehrt und gesäubert ist, die Sicht auf den Gegenstand unseres Suchens freigibt ... Wahrlich, alle diese Mächte, die Hausgenossen der Seele sind und von denen das Gleichnis in diesem Fall als von Nachbarn spricht, werden, wenn das Bild des mächtigen Königs endlich in seinem Glanz enthüllt wird, das Bild, das der Schöpfer jedes einzelnen Herzens auf diese unsere Drachme aufgedruckt hat, für jene göttliche Freude und Festlichkeit verwandelt und werden auf *die unaussprechliche Schönheit des Wiedergefundenen* blicken.»

Hier haben wir das Geheimnis, daß das Wiederfinden der verlorenen Münze in uns selbst – unsere eigene unerlöste Menschlichkeit – bedeutet, Christus den König selbst wiederzufinden, dessen psychologisches Gegenstück die Ganzheit ist. Er ist in den Tiefen des Unbewußten verborgen, wo er der Retter und zugleich derjenige ist, der gerettet werden soll. Er kommt in Schmutz und Dreck und in allem, was anstößig ist; doch wenn er im Bewußtsein wiedergefunden wird, blicken wir auf unaussprechliche Schönheit!

Ein ähnliches Thema berührt Jesus in den folgenden Worten: «Ich war hungrig, und ihr habt mir zu essen gegeben; ich war durstig, und ihr habt mich getränkt; ich war fremd, und ihr habt mich beherbergt; nackt, und ihr habt mich bekleidet; ich war krank, und ihr habt mich besucht; ich war im Gefängnis, und ihr seid zu mir gekommen ... Wahrlich, ich sage euch: Wiefern ihr es einem dieser meiner geringsten Brüder getan habt, habt ihr es mir getan» (Mt 25, 35–36, 40).

Diese Verse gehören sicher zu den größten, auf denen die soziale Botschaft des Christentums beruht. Wir sollen unserem Bruder in Not Hilfe leisten, und damit dienen wir auch Christus. Aber die Gedanken Gregors von Nyssa machen deutlich, daß dieser Abschnitt gleichzeitig innerlich aufgefaßt werden muß. In uns ist ein Fremder – ein nackter, bedürftiger, hungriger Teil unseres Wesens, ein verlorener Bruder unserer eigenen Seele –, und er soll ebenfalls wiedergewonnen werden, indem wir ihn bewußt akzeptieren und ihm im Leben Ausdruck geben. *Wenn wir das tun, bringen wir Christus in unser Leben.* Christus selber ist in jenem verlorenen Teil unserer Seele, denn mit dem Einschluß der «verlorenen Münze» begründen wir unsere Ganzheit.

Phil ist ein begabter Mann. Er war Erfolg gewöhnt, und mit seinem geübten Verstand, seiner Tüchtigkeit und seiner hohen beruflichen Stellung fiel er leicht einer Ich-Inflation zum Opfer, die von seiner Frau noch genährt wurde, indem sie sich ständig darum bemühte, sich seinen Vorstellungen anzupassen. Phil wurde übermäßig kritisch, starr in seinen Verhaltensweisen und sah verächtlich auf andere herab, wenn deren Vorstellungen nicht den seinen entsprachen. Er steckte seine Frau sozusagen in eine Schublade und paßte ihr Leben dem seinigen an, indem er eine Ehe bewerkstelligte, die eher eine Zwangsjacke als eine echte Vereinigung war. Tatsächlich jedoch war er emotionell sehr abhängig von seiner gefühlsbetonten, intuitiven Frau, was ihm schmerzlich zum Bewußtsein kam, als sie eines Tages rebellierte, ihre Ängste ablegte und sich entschloß, diese Ehe aufzugeben.

Phils Kartenhaus begann auseinanderzufallen. Er durchlebte Emotionen und Angstgefühle, die ihn so aufwühlten, daß er seine äußere Fassade nicht länger aufrechterhalten konnte. Schließlich sah er sich gezwungen, selber Hilfe zu suchen und schmerzhafte Einsichten zu gewinnen, die ihn zu der Erkenntnis führten, daß seine angemaßte Überlegenheit nur ein Schutzmantel für seine tiefinneren Bedürfnisse war. Solange er alle seine Gefühle in einer Zelle verriegelte, zwang er auch seine gefühlsbetonte Frau in zellenähnliche Verhältnisse. Als er allmählich freier wurde, wurde er auch fähig, seiner Frau Freiheit zu lassen, so daß sie sich nicht mehr gezwungen fühlte, ihn zu verlassen. Die Erfahrung war für ihn schmerzhaft, zuweilen sogar demütigend, aber er wurde dadurch geheilt. Sein «Lazarus» wurde anerkannt, akzeptiert, ernährt, wohnlich untergebracht, und auf diese Weise wurde die innere Kluft überbrückt.

Jetzt sieht Phils Zukunft rosiger aus als je zuvor. In seinem Beruf entwickelt er mehr Verständnis für andere, ist nicht mehr so übermäßig kritisch, ohne jedoch an Können eingebüßt zu haben. Aber es war eine bittere Erfahrung und eine Zeit großer Kränkungen und Verwirrungen nötig, um ihn an diesen Punkt zu bringen.

Dieses charakteristische Stadium der Ankunft im Reich Gottes ist sehr schön beschrieben in dem berühmten Gleichnis vom barmherzigen Samariter*. Die meisten von uns sind mit dieser Geschichte so vertraut, daß unsere Wahrnehmungs-

* Ich möchte Frau Margaret Brown aus San Diego für ihre hilfreichen Hinweise zu diesem Gleichnis danken.

fähigkeit für ihren tiefen inneren Gehalt sich getrübt hat. Wir kennen den Inhalt: daß ein Mann nach Jericho reist, unter die Räuber fällt, für tot gehalten und liegen gelassen wird, und Priester wie Leviten gehen achtlos an ihm vorbei. Nur der verachtete Samariter hält an, um ihm zu helfen, pflegt ihn und sorgt dafür, daß er in einem nahegelegenen Gasthaus weiter versorgt wird. Äußerlich betrachtet, lehrt Jesus uns das Verhalten, das wir anderen gegenüber einnehmen sollten. Wir sollten sein wie der Samariter, gütig und großmütig gegenüber anderen Menschen handeln können, selbst wenn diese nicht zu unserer Gruppe oder unserem Stand gehören. Das ist völlig richtig und legitim. Doch wir finden, betrachtet man das Gleichnis von innen her, unsere Identität nicht in dem Samariter, sondern in dem Mann, der unter die Räuber fiel. Phil, zum Beispiel, war ein Mann, der «unter die Räuber fiel». Auf seinem Weg durch das Leben fiel er seinen eigenen kollektiven, starren Verhaltensformen zum Opfer, die ihn in einer Zeit der Krise blutend und erschöpft auf der Straße liegen ließen. Während dieser Krise gingen alle anerkannten und respektierten Leute – Priester und Leviten – an ihm vorüber. Diese Personen, die er übermäßig hofiert hatte und von denen er am sehnlichsten Anerkennung wünschte, waren gerade diejenigen, deren Meinung er in jener kritischen Zeit am meisten fürchtete. Auch an seine eigenen kollektiven Wertvorstellungen konnte er sich nicht um Hilfe wenden, denn bei ihnen fand er keine Barmherzigkeit, nur Zweckmäßigkeit und «Achtbarkeit».

Die Rettung kommt vom «Samariter». Der Samariter ist der verachtete Teil unseres Wesens, auf den wir lange verächtlich herabgesehen haben. In Phils Fall kamen gerade diejenigen Gefühle und Sehnsüchte, vor denen er sich am meisten fürchtete, als Retter. Dadurch, daß seine minderbewertete Seite ihm beistand, fand er sein Herz und seine Gefühle wieder und konnte sich auf die Ganzheit ausrichten.

Um diese Erlösung zu finden, mußte Phil allerdings sehr viel opfern. Vorher hatte er sich auf Logik, Rationalität und ein unnachgiebiges Ego verlassen. In der Zeit der Krise waren diese Eigenschaften ohne Nutzen. Er mußte zeitweise genau diejenigen Ego-Verhaltensweisen aufgeben, die bis dahin die Stützen seiner Persönlichkeit gewesen waren, und die Rationalität opfern, um die Irrationalität der Innenwelt hereinzulassen. Er mußte verschiedene Denkgewohnheiten aufgeben, um fühlen zu lernen, was sein Herz ihm zu sagen hatte, und durfte sich nicht mehr ausschließlich auf die Willenskraft verlassen, sondern mußte nun eine Beziehung zur Seele herstellen.

Das Paradoxe des Gottesreichs besteht darin, daß gerade die Dinge im Leben, die bisher unsere Stütze gewesen sind, jetzt möglicherweise geopfert werden müssen. Jesus sagt: «Wenn dich aber dein rechtes Auge zur Sünde verführt, so reiß es aus und wirf es von dir; denn es ist besser für dich, daß eins deiner Glieder verlorengeht und nicht dein ganzer Leib in die Hölle geworfen wird. Und wenn dich deine rechte Hand zur Sünde verführt, so haue sie ab und wirf sie von dir; denn es ist besser für dich, daß eins deiner Glieder verlorengeht und nicht dein ganzer Leib in die Hölle kommt» (Mt 5, 29–30).

Es wäre absurd, diesen Ausspruch äußerlich und buchstäblich zu interpretieren. Seinen Sinn begreifen wir, wenn wir seinen inneren Gehalt betrachten und psychologisch deuten. Die «rechte» Seite repräsentiert diejenige Seite in uns, die bewußt entwickelt worden ist, während die «linke»

Seite diejenige ist, deren wir uns nicht bewußt sind; denn während unsere rechte Hand das tut, was wir wollen, erscheint den meisten Menschen die linke Hand schwerfällig und widernatürlich. Wenn wir es so sehen, ist die Bedeutung der Worte Jesu völlig klar: Wir müssen zeitweise gerade das opfern, was psychologisch entwickelt worden ist, wenn es derart dominiert, daß unsere Ganzheit dadurch nicht zustande kommt. Phil mußte sein «rechtes Auge» und seine «rechte Hand» opfern, aber dadurch wurde sein «ganzer Leib» vor der Hölle bewahrt.

Das führt uns zum abschließenden Gleichnis von der verlorenen Münze. Zunächst hat es den Anschein, als müsse das Bewußtsein von seiner überlegenen Entwicklungsstufe und seinem überhöhten Standort wieder herunterkommen, um den inneren Bettler hochzuheben, den unentwickelten inneren Menschen zu retten oder das verlorene Schaf zu suchen. Doch gleichzeitig ist es der verlorene Teil unseres Wesens, der verachtete, der Samariter, der uns rettet. *Unser bewußtes Leben, abgeschnitten von der Ganzheit seines eigenen Wesens, bedarf der Erlösung, so daß unsere verachtete «Innerer-Bettler»-Seite schließlich als Retter erscheint.* Wir sind gerettet, wenn der verlorene Teil unseres Wesens wiedergefunden wird, denn das bringt den König, den ganzen Menschen, den Einen in uns mit sich, der uns freudig in das Reich Gottes führt. Dies Mysterium der geheimen Identität zwischen dem Retter und dem Verachteten kannte Jesaja, der von dem künftigen Christus sagen konnte:

«Verachtet war er und verlassen von Menschen, ein Mann der Schmerzen und vertraut mit Krankheit, wie einer, vor dem man das Antlitz verhüllt; so verachtet, daß er uns nichts galt» (Jes 53, 3).

Nach der Beseitigung der Hybris des Ego und dem Einschluß der unterbewerteten, bisher unbewußten Teile unseres Wesens – beides ist durch unsere Beziehung zur Seele möglich geworden – können wir nun das Reich Gottes empfangen. Was es bedeutet, wenn das Gottesreich in unser Bewußtsein tritt oder genauer gesagt: was es für uns bedeutet, in das Himmelreich zu kommen, wollen wir jetzt betrachten.

NEUNTES KAPITEL

Die Ankunft des Gottesreichs

Mit der Integration dessen, was früher vom Bewußtsein abgelehnt wurde, kann das Gottesreich als unser inneres Zentrum errichtet werden. Dies ist eine Unterwerfung des Ego unter die Herrschaft des Gottesreichs und zugleich die Erfüllung des Ego und seine Einsetzung in eine Position der Stärke und Wichtigkeit, als Repräsentant der gesamten Persönlichkeit. Deshalb sagt Jesus:
«Wer sein Leben findet, der wird es verlieren; und wer sein Leben verliert um meinetwillen, der wird es finden» (Mt 10, 39; Lk 9, 23; Mk 8, 35) und: «Wer sich aber selbst erhöht, wird erniedrigt werden, und wer sich selbst erniedrigt, wird erhöht werden» (Mt 23, 12; Lk 14, 11).
Diese Passagen gelten sowohl innerlich als auch äußerlich. Äußerlich gesehen, ist dies die Forderung Christi nach einem Leben, das von Hingabe, nicht von Selbstsucht bestimmt ist. Doch das ist nur möglich, wenn sich das gleiche auch innerlich vollzieht und das Ich seinen Egoismus dem umfänglicheren inneren Leben geopfert hat.
Das darf nicht mit Schwäche verwechselt werden. Es ist kein Aufruf, das Ego auszutilgen, zu vernichten oder abzuwerten. Die Stellung des Ego innerhalb der gesamten Persönlichkeit ist außerordentlich wichtig. Ohne ein starkes Ego kann es keine Ganzheit, keine Kraft, keine für Gott

verfügbare Fähigkeit geben. Nur ein Ego, das durch innere Auseinandersetzung stark geworden ist, kann den Akt des Selbstopfers vollbringen. Ein schwaches Ego ist gezwungen, um seine bloße Existenz zu kämpfen. Das schwache Ego wird sich aus Angst gegen das Leben und gegen die Innenwelt zu verteidigen suchen und zwar mit Hilfe egozentrischer Verteidigungsmechanismen und Verhaltensweisen, die es daran hindern, Werkzeug des Gottesreichs zu werden. Wir können nicht opfern, was wir nicht haben. Jemand, der nicht im Besitz seines eigenen Wesens ist, kann sich nicht Gott zur Verfügung stellen. Gefordert wird eine größere – nicht etwa eine geringere – Kraft des Ego, im psychologischen Sinn. Ein solcher Mensch wird nicht stolz, sondern demütig sein, denn eine wirklich starke Persönlichkeit benötigt keine Selbstgefälligkeit. Man denke nur an Moses, der ganz gewiß eine starke Persönlichkeit war, aber von dem man am Ende seines Lebens sagte: «Der Mann Mose aber war sehr sanftmütig, mehr als irgendein Mensch auf Erden» (Num 12, 3). Und Jesus sagt:

«Selig sind die geistlich Armen; denn ihrer ist das Reich im Himmel» (Mt 5, 3; Lk 6, 20).

Das griechische Wort für «arm» bedeutet auch «dürftig, Mangel leidend (wie ein Bettler)». Die «Armen im Geiste» sind diejenigen, die erkannt haben, daß sie von einer Quelle außerhalb ihrer Reichweite den Geist erbitten müssen. Solche Menschen finden das Gottesreich, während die Selbstgefälligen das höchste Geschenk nicht empfangen.

Das Aufgeben des Ego fällt den Menschen nicht leicht, denn ihre natürliche, unbewußte Tendenz ist ja, nach Macht zu streben und das Leben für ihre eigenen Zwecke auszunutzen. Allein die Vorstellung, das Ego einer höheren inneren Macht zu übergeben, erzeugt Angst, weil es so *scheint*, als solle dadurch das Ego ausgetilgt werden. Tatsächlich stirbt das alte Ego, aber nur, damit ein neues Ego geboren werden kann, und das ist der Kern des christlichen Geheimnisses der Wandlung. Nun sind wir imstande, wirklich zu begreifen, warum Jesus sagte:

«Gehet ein durch die enge Pforte! Denn die Pforte ist weit und der Weg ist breit, der zum Verderben hinführt, und viele sind es, die auf ihm hineingehen; denn die Pforte ist eng und der Weg ist schmal, der zum Leben hinführt, und wenige sind es, die ihn finden» (Mt 7, 13–14; Lk 13, 24).

Denn der schmale Weg ist der Weg der Angst, und Angst tritt auf, wenn das Ego dem Gottesreich Platz machen muß. Dieses Nachgeben des Ego gegenüber der größeren inneren Realität stellt sich in unseren Träumen oft als Tod dar. Wir träumen vom Sterben, von einer tödlichen Krankheit oder davon, zum Tode verurteilt worden zu sein. Der Tod des Ego in unseren Träumen drückt die Notwendigkeit aus, daß die alte bewußte Orientierung «sterben» muß, damit eine neue Persönlichkeit, die am inneren Himmelreich orientiert ist, entstehen kann. Wenn dieser innere Prozeß abgelehnt wird, kann das zu quälenden, zwanghaften Gedanken über das Sterben führen – zu der irrationalen Überzeugung, für die es keinen physischen Hinweis gibt, daß wir Krebs oder irgendeine andere tödliche Krankheit haben. Der wirkliche physische Tod wird in unseren Träumen auf andere Weise angedeutet; der Tod des Ego in Träumen kann fast immer als Symbol für einen psychischen Vorgang aufgefaßt werden.

Die neue Persönlichkeit, die anerkennt, daß es eine größere Realität gibt, wird von Jesus als ein kleines Kind geschildert, denn psychologisch ist es erst vor kurzem geboren.

«In jener Stunde traten die Jünger zu Jesus und sagten: Wer ist wohl der Größte im Reich der Himmel? Und er rief ein Kind herbei, stellte es mitten unter sie und sprach: Wahrlich, ich sage euch: Wenn ihr nicht umkehrt und werdet wie die Kinder, so werdet ihr nicht ins Reich der Himmel kommen. Wer nun sich selbst erniedrigt wie dieses Kind, der ist der Größte im Reich der Himmel» (Mt 18, 1–4; Lk 9, 46–48; Mk 9, 33–37).

Das Bild des Kindes wird von Jesus häufig benutzt als Beispiel für jemanden, der ins Himmelreich gelangt ist. Wie wir bereits gesehen haben, ist einer der Gründe dafür, daß das kleine Kind keine Maske trägt; es ist das, was es scheint und drückt direkt aus, was es fühlt, ohne Heuchelei. Aber der andere Grund dafür, daß das Kind der Prototyp des Himmelreichs ist, liegt darin, daß das Kind eine freie Beziehung zur Innenwelt hat. Die Jünger kamen zu Jesus mit einer egoistischen Einstellung: «Wer ist der größte im Himmelreich?» Das ist der uralte Wunsch des Ego: sich aufzublähen. Solange das Ego nur deshalb das Gottesreich sucht, um es für seine eigenen Zwecke auszunutzen, kann es nicht hineingelangen. Man muß hineingehen wie ein kleines Kind: ohne falsche Fassade, neugeboren und eng mit der Innenwelt verbunden, aus der Phantasie, Spontaneität und schöpferische Kraft entspringen.

Dies Bild des Kindes ist das Gegenteil von kindischem Verhalten. In uns allen steckt ein Kind. Dieses Kind, das zum Teil ein Rest unserer Kinderseele, zum Teil von archetypischem Charakter ist, bildet einen wichtigen Teil unserer Psychologie. Wenn wir das Kind in uns verleugnen, werden wir kindisch. Indem wir es verleugnen, befreien wir uns nicht von dem Kind in uns, sondern fallen seinen negativen Eigenschaften in Form von infantilen, regressiven oder unselbständigen Verhaltensweisen zum Opfer. Doch wenn wir die Rechtmäßigkeit des kindhaften Selbst anerkennen und akzeptieren, so daß wir im positiven Sinne wie die Kinder werden, dann drückt sich dieses Kind in unserem Wesen als Freiheit, schöpferische Kraft und ständige Lebenserneuerung aus.

Aus diesem Grund ist das Erscheinen eines Kindes in unseren Träumen immer bedeutsam. Es kann ein hilfloses, verwaistes, vernachlässigtes oder irgendwie behindertes Kind sein; dadurch macht der Traum uns auf die Notwendigkeit aufmerksam, das kindliche Selbst anzuerkennen und zu akzeptieren. Oder das Kind ist unser fröhlicher Gefährte, oder es nimmt uns bei der Hand, oder es spielt und repräsentiert damit die innere schöpferische Kraft. Der Traum kann auch die Geburt eines Kindes zeigen, wobei das Neugeborene ein neues inneres Leben andeutet. Oder ein mutwilliger Junge oder eine ganze Gruppe von boshaften Knaben tritt auf, die schöpferische Elemente in uns anzeigen, welche allerdings für den *status quo* des Bewußtseins bedrohlich sein können, aber wertvoll für das zukünftige Wachstum der Persönlichkeit sind. Das Kind kann sogar das Himmelreich selbst symbolisieren, wie Jesaja verstanden hat:

«Da wird der Wolf zu Gast sein bei dem Lamme und der Panther bei dem Böcklein lagern. Kalb und Jungleu weiden beieinander, und *ein kleiner Knabe* leitet sie. Kuh und Bärin werden sich befreunden, und ihre Jungen werden zusammen lagern; der Löwe wird Stroh fressen wie das Rind. Der Säugling wird spielen an dem Loch der Otter, und nach der Höhle der Natter streckt das kleine Kind die Hand aus» (Jes 11, 6–8; Kursivschrift vom Verf.).

Mit dem Verzicht auf Egoismus und mit der neuen Beziehung des Ego zu den Inhalten der Innenwelt kann das Gottesreich als Zentrum der Einheit innerhalb der Persönlichkeit errichtet werden. Gewöhnlich ist unser Charakter bruchstückhaft, weil er in Gegensatzpaare aufgespalten ist, die einander feindlich gegenüberstehen. Dies drückt sich in Träumen aus, in denen das Motiv des Krieges, der Gewalt, der Feindschaft oder des Gegensatzes eine Rolle spielt. Das Gottesreich kommt als Einheit, allerdings als paradoxe Einheit, weil es eine Vereinigung von Faktoren ist, die zueinander im Gegensatz stehen und daher eine natürliche Tendenz haben, auseinanderzufallen. *Deshalb ist das wichtigste Bild für das Himmelreich dasjenige der Hochzeit,* weil hier gegensätzliche Elemente miteinander vereinigt werden. In dem Gleichnis vom Hochzeitsfest (Mt 22, 2–14; Lk 14, 15–24) haben wir dieses Motiv bereits kennengelernt:

«Das Reich der Himmel gleicht einem König, der seinem Sohn die Hochzeitsfeier rüstete» (Mt 22, 2).

Äußerlich betrachtet, kann der Vater mit Gott und der Sohn mit Christus verglichen werden, während die Leute, die nicht zur Feier kommen wollen, die Juden sind, die ursprünglich das auserwählte Volk waren, aber den Herrn nicht anerkennen wollten. Diese Deutung ist allegorisch und sittlich nicht besonders erhebend. Ihr innerer Gehalt hat eine tiefere Bedeutung. Gott ist der König, und die Hochzeit, zu der wir eingeladen sind, ist die innere Hochzeit, die Vereinigung der Gegensätze in uns. Auch das Ego muß an dem inneren Prozeß teilnehmen und wird deshalb zum Fest geladen; daß wir eingeladen werden, ist eine Ehre und eine Freude. Doch die große Masse der Menschen ist so mit äußerlichen Dingen beschäftigt, daß sie den Wert des inneren Bereiches nicht zu schätzen weiß. Nur diejenigen, die von Gott hereinzukommen gezwungen werden, und zwar *gute und böse gleichermaßen,* feiern das Hochzeitsfest.

Ein anderes Hochzeitsgleichnis ist das Gleichnis von den zehn Jungfrauen.

«Dann wird das Reich der Himmel zehn Jungfrauen gleichen, die ihre Lampen nahmen und dem Bräutigam entgegengingen» (Mt 25, 1).

Von diesen zehn Jungfrauen sind fünf gut vorbereitet; ihre Lampen waren geputzt und mit Öl versehen. Die anderen fünf waren nicht vorbereitet, so daß sie, als der Bräutigam eintrifft, weggehen müssen, um Öl zu holen. Dadurch kommen sie zu spät zurück; die anderen sind bereits im Festsaal, und die Tür ist verschlossen. Das Gleichnis schließt mit den Worten Jesu:

«Darum wachet! Denn ihr wißt weder den Tag noch die Stunde» (Vers 13).

Wenn wir das Gleichnis äußerlich nehmen, zeigt es die Notwendigkeit an, wachsam zu sein, damit wir, wenn der Herr am Jüngsten Tag kommt, bereit sind, ihn zu empfangen. Die Symbolik des Ausspruchs betrifft jedoch eher die innere als die äußere Wirklichkeit. Von innen her betrachtet, spricht das Gleichnis von der Ankunft des inneren Gottesreichs. Das Himmelreich ist wie ein Hochzeitsfest, eine Vereinigung der Gegensätze, von Gott veranstaltet. Der Bräutigam ist die große, christusähnliche Persönlichkeit, er vereinigt sich mit der Seele im Geheimnis der Selbstwerdung. Doch das Ego muß wachsam, das heißt bewußt sein. Die leuchtenden Lampen sind Symbole für das Licht des Bewußtseins, das von uns gefordert wird, wenn wir in das Gottesreich eingehen wollen. Die Ermahnung am Schluß: «Darum wachet!» spricht direkt die Notwendigkeit ständigen Selbstbewußtseins und fortgesetzter Beziehungen zum Innenleben an. Ganz unerwartet können sich innere Ereignisse vollziehen. Man weiß nie, was in den inneren Tiefen vorgeht, und wenn das große Ereignis der Vereinigung beginnt, müssen wir darauf vorbereitet sein. Es kommt eine Zeit, wo es zu spät sein kann, nicht deshalb, weil wir zu alt wären, sondern deshalb, weil wir so lange in Unbewußtheit dahinvegetiert haben, daß unsere Finsternis zu dicht geworden ist, um noch erhellt werden zu können.

Das Thema des Zuspätkommens findet sich in unseren Träumen häufig. Entweder wir kommen zu spät zur Eisenbahn und sehen sie gerade abfahren, oder wir gehen auf eine Reise, mit dem Gefühl, viel zu spät anzukommen, oder wir haben eine große Aufgabe vor uns, fühlen uns aber davon überfordert, weil es schon zu spät geworden ist. Im Innenleben gibt es ein Gefühl für zeitliche Festlegung; etwas muß während unserer Lebenszeit auf Erden vollendet werden. Das Gefühl, zu spät zu kommen, kann übertrieben sein. Niemand, der sich wirklich auf den inneren Weg macht, kommt zu spät. Wenn auch das Ego fast immer hinter dem Tempo des Innenlebens zurückbleibt, können selbst Menschen, die in fortgeschrittenem Lebensalter stehen, die innere Reise noch antreten. Wirklich zu spät ist es nur dann, wenn die bewußte Einstellung des Menschen so starr und verhärtet ist, daß die Reise zur inneren Hochzeit gar nicht erst stattfindet.

Das Hochzeitsfest als Bild für das Himmelreich ist für das Christentum so zentral, daß es in der frühen Kirche vorherrschte: in ihrer höchsten Gestaltungsweise wurde das christliche Leben mit der Ehe zwischen Christus als Bräutigam und der Kirche oder der Seele als Braut verglichen. Das Hohelied im Alten Testament, zum Beispiel, wurde von den Kirchenvätern als ein Symbol für dieses innere Geheimnis gedeutet. Diese Vereinigung sollte durch Keuschheit zustande gebracht werden. Die Ehelosigkeit in der frühen Kirche war zunächst nicht gegen die Sexualität gerichtet, sondern war als Vorbereitung der Seele auf das Geheimnis der Vereinigung mit Christus gemeint. Aus dieser Vereinigung würde Christus innerhalb des Menschen geboren, und das würde zu Unzerstörbarkeit und zu Freiheit vom Bösen führen, psychologisch gesprochen: zur Ganzheit. So schreibt Bischof Methodius im vierten Jahrhundert: «Das Wort ist ihnen (das heißt: den Gläubigen) eingeprägt und durch echte Erkenntnis und echten Glauben in ihnen erzeugt, deshalb wird in jedem von ihnen Christus in geistiger Gestalt geboren. Und deshalb geht die Kirche schwanger und liegt in Geburtswehen, bis Christus in uns Gestalt annimmt, so daß jeder der Heiligen durch die Teilhabe an Christus als ein Christus geboren ist.»

Das Bild der Hochzeit kommt auch oft in unseren Träumen vor. Wenn wir anfangen, von Hochzeiten zu träumen, ist das gewöhnlich ein hoffnungsvolles Zeichen dafür, daß ein Prozeß der Vereinigung beginnen kann, besonders dann, wenn das Ego nicht direkt an der Hochzeit beteiligt ist. Ist das Ego einer der Hochzeitspartner, meint der Traum wahrscheinlich etwas anderes: zum Beispiel die Besessenheit oder die Verführung durch bestimmte Aspekte des Unbewußten. Wenn das Ego zu direkt an der inneren Hochzeit beteiligt ist, besteht auch die große Gefahr der Inflation. Wie im Gleichnis, so kommt es auch in unseren Träumen darauf an, daß das Ego sich des inneren Vorgangs bewußt ist. Die Hochzeit als Einheit der Gegensätze, die zu einer Vereinigung führt, findet bezeichnenderweise zwischen anderen Gestalten als dem Ego statt.

Außer dem Hochzeitsfest gibt es viele andere Darstellungen des Gottesreichs, die dessen vereinigenden Aspekt hervorheben. So sagt Jesus, als er den Knecht des Hauptmanns geheilt hat:
«Wahrlich, ich sage euch: Bei keinem in Israel habe ich so großen Glauben gefunden. Ich sage euch aber: Viele werden von Morgen und Abend kommen und sich mit Abraham und Isaak und Jakob im Reich der Himmel zu Tische setzen» (Mt 8, 10–11).
Bei Lukas heißt es:
«Und sie werden von Morgen und Abend und von Mitternacht und Mittag kommen und sich im Reiche Gottes zu Tische setzen» (Lk 13, 29).
Hier wird das Himmelreich als eine große Versammlung gezeigt, die alle Menschen einschließt. Bei Lukas findet die Versammlung von den vier Himmelsrichtungen aus statt. Es ist das Bild eines Mandala, einer konzentrischen Figur, die ein Viereck oder einen Kreis bildet. Solche konzentrische Figuren kommen in der religiösen Symbolik der ganzen Welt vor und weisen durch ihre Form auf Ganzheit oder Vollkommenheit hin. Beim Quadrat sind alle Seiten gleich, und die Form ist deshalb ausgewogen; der Kreis ist die vollkommene Form, denn alle Punkte der Kreislinie sind vom Zentrum gleich weit entfernt. Derartige Symbole eignen sich gut für das Geheimnis des Himmelreichs, weil ihre vollkommene Struktur die Ganzheit und Harmonie des Reiches Gottes ausdrückt. Auch das Kreuz ist solch ein Symbol, und die Literatur der frühen

Christenheit spricht wiederholt vom Mysterium des Kreuzes. Seine Breite und Länge, Höhe und Tiefe umfassen alles, was links und rechts ist, und vereinigen alles in Christus, der Mitte.

Ein Zitat aus dem Epheserbrief erläutert dies. Wir lesen dort über Christus:

«Denn er ist unser Friede, der beide Teile zu einem Ganzen gemacht und die Scheidewand des Zaunes, die Feindschaft, abgebrochen hat in seinem Fleisch, indem er das Gesetz der in Satzungen bestehenden Gebote abgetan hat, um die zwei in ihm selbst zu *einem* neuen Menschen zu schaffen, dadurch, daß er Frieden stiftete, und um die beiden in *einem* Leibe mit Gott zu versöhnen durch das Kreuz, nachdem er durch dieses die Feindschaft getötet hatte» (Eph 2, 14–16).

Äußerlich bezieht sich diese Aussage auf die Einheit von Juden und Nichtjuden durch Christus, doch läßt sich das Bild auch auf den inneren Menschen anwenden. Solange wir nur der Ethik des Gehorsams folgen und sklavisch irgendeinem Gesetz gehorchen, sind wir in uns selbst gespalten. Dies ist die «Feindschaft» der in Satzungen bestehenden Gebote; denn der Gehorsam gegenüber dem Gesetz spaltet den Menschen in einen Teil, der das Gesetz einhält, und einen anderen Teil, der dagegen kämpft. Aber Christus macht die beiden Teile zu einem Neuen Menschen, denn durch ihn können unsere beiden Wesensteile sich miteinander verständigen und einander akzeptieren. Dieser Bewußtseinsakt erlöst uns vom Gesetz und ermöglicht uns, der höheren, vereinigenden Ethik der schöpferischen Kraft zu folgen.

Die Einheit des Gottesreichs ist eine schöpferische, keine statische Einheit. Sie ist nicht der Friede der Reglosigkeit, sondern eine schöpferische innere Bezogenheit. Gott ist vor allem Schöpfer. Er will neues Leben schaffen, und sein Himmelreich bringt eine unversiegbare Quelle neuer Energien und Möglichkeiten hervor. Deshalb kommt kein Mensch jemals an ein Ende der inneren Reise; denn wenn das Gottesreich in ihm Wirklichkeit wird, entsteht in ihm eine Unzahl neuer Möglichkeiten, die sein Bewußtsein erfüllen kann. Das Leben des Gottesreichs ist also dynamisch und entfaltet sich ständig weiter. Das ist der Sinn der Geschichte vom großen Fischzug:

«Als er aber aufgehört hatte zu reden, sprach er zu Simon: Fahre hinaus auf die Höhe, und werfet eure Netze zum Fang aus! Und Simon antwortete und sagte: Meister, wir haben die ganze Nacht hindurch gearbeitet und nichts gefangen; doch auf dein Wort hin will ich die Netze auswerfen. Und als sie dies getan hatten, fingen sie eine große Menge Fische; ihre Netze aber wollten zerreißen. Und sie winkten den Gefährten im andern Schiffe, sie möchten kommen und ihnen helfen; und sie kamen, und sie füllten beide Schiffe, so daß sie zu sinken drohten» (Lk 5, 4–7).

Fische sind in unseren Träumen ein bevorzugtes Symbol für Inhalte der Innenwelt. Fische bewegen sich unter der Oberfläche; es können sehr viele sein, aber sie sind kaum zu sehen. Doch mit Geduld und Geschicklichkeit kann man sie fangen, und wenn sie gefangen sind, kann man sie essen und damit sich selbst einverleiben. Der Inhalt der Innenwelt befindet sich ebenfalls unter der Oberfläche. Auch er kann in das Bewußtsein gehoben werden und als Nahrung für unser Leben dienen.

Fische spielen eine ungewöhnlich wichtige Rolle im Neuen

Testament. Die Jünger sind Fischer; als Christus die Menge speist, gibt er ihnen Fisch zu essen; wunderbarerweise wird ein Fisch gefangen, der als Steuergeld dienen kann; nach seiner Auferstehung ißt Jesus Fisch. In der frühen Kirche wird Christus selbst mit dem Fisch verglichen, denn der große Fisch ist ein Symbol für den großen Inhalt des Unbewußten, das heißt für die Ganzheit. Ein frühchristlicher Autor sagt von dieser Ganzheit: «Dieser Wasserstrom (die Quelle Gottes) bringt den ewigen Strom des Geistes hervor, einen Strom, der nur einen einzigen Fisch enthält, welcher am Angelhaken der Gottheit hängt und die ganze Welt mit seinem Fleisch versorgt, als wäre er im Meer.» (Aus den noch vorhandenen Schriften des Julius Africanus.)

Schöpferische Kraft ist eine Funktion des inneren Vorstellungsvermögens, nicht des Ego. Das Ego schöpft nicht aus sich selbst heraus, sondern es gibt der schöpferischen Kraft, die von innen kommt, Form und Ausdruck. Ein Ego, das nicht mehr in Kontakt mit der Innenwelt steht, kann nie schöpferisch, sondern nur starr sein oder bestenfalls die schöpferische Kraft nachahmen. Schöpferkraft entsteht, wenn wir mit den lebendigen Inhalten der Innenwelt – dem inneren Fisch – in Berührung sind und ihnen, indem wir sie an die Oberfläche bringen, Ausdruck geben.

Wenn man Zugang zu den schöpferischen Aspekten der inneren Welt hat, gelangt man in den Besitz eines unermeßlichen Schatzes. Es gibt im Leben kein größeres Geschenk als das Geschenk der Kreativität. Schöpferische Fähigkeit ist der Ausdruck der Liebe Gottes und das höchste Geschenk, das ein Mensch besitzen kann, denn in einem schöpferisch geführten Leben handeln wir gemäß dem Bilde Gottes. Das ist der «himmlische Schatz», von dem Jesus spricht:

«Sammelt euch nicht Schätze auf Erden, wo Motte und Rost (sie) zunichte machen und wo Diebe einbrechen und stehlen! Sammelt euch vielmehr Schätze im Himmel, wo weder Motte noch Rost (sie) zunichte machen und wo Diebe nicht einbrechen und stehlen! Denn wo dein Schatz ist, da wird auch dein Herz sein» (Mt 6, 19–21; Lk 12, 33–34).

In der Bibel bezieht sich der Ausdruck «Himmel» nicht auf einen geographisch feststellbaren Ort, sondern auf eine geistige Realität. Allein unsere unreife und materialistische Einstellung läßt uns ständig an eine biblische Geographie denken. Die himmlische Welt, die Welt da oben, das Reich der Engel deuten einen Aspekt der inneren Welt an, meinen das Reich Gottes. Die Schätze der Erde beziehen sich auf den Versuch, äußere, materielle Werte anzuhäufen, die offenkundig vergänglich und der Zerstörung anheimgegeben sind. Die Schätze im Himmel sind innere Werte, Schätze des Geistes, ein schöpferischer innerer Reichtum, das Geschenk des Himmelreichs, und diese sind unvergänglich. Kein äußeres Unheil kann uns die inneren Werte nehmen, und wenn wir die innere Schöpferkraft suchen, wird unser Herz auch dort sein, und dann werden wir Gott finden.

Dasselbe Motiv taucht in unseren Träumen auf, wo wir manchmal einen Schatz finden. Münzen, die kaum erkennbar auf der Erde lagen, werden entdeckt, oder ein prächtiger Edelstein taucht auf, oder wir bekommen eine große Geldsumme. Dies bezieht sich oft auf innere Werte mit geistiger oder psychischer Bedeutung.

Weil der Mensch, der den himmlischen Schatz sucht, mit seinem Herzen bei dieser Suche ist, nimmt diese Suche den obersten Platz im Leben ein. Jesus sagt, nachdem er über

die legitimen Bedürfnisse des Menschen nach materiellen Dingen gesprochen hat:
«Suchet vielmehr zuerst sein Reich und seine Gerechtigkeit! dann werden euch alle diese Dinge hinzugefügt werden» (Mt 6, 33).
Man beachte, daß es nicht darauf ankommt, materielle Dinge zugunsten geistiger abzulehnen. Die materielle Seite des Lebens ist ebenfalls wichtig und bedeutsam und soll nicht verachtet werden. Vielmehr geht es darum, den geistigen oder psychischen Werten in unserem Leben den Vorrang zu geben. Weil immer eine Beziehung zwischen dem Innen und dem Außen, dem Geistigen und dem Materiellen besteht, wird die Verwirklichung geistiger Werte auch das Bedürfnis nach materiellen Dingen befriedigen.
Frank bemühte sich sehr, ein glückliches Leben zu führen. Er suchte es in seinem Haus und bei seiner Familie und arbeitete mit größter Gewissenhaftigkeit in einem anstrengenden Beruf, der für längere Zeiträume seine Abwesenheit vom Hause erforderlich machte. Aber das machte nichts, denn Frank plante sein Leben. Er verdiente gut, steckte das Geld in sein schönes Haus mit Swimming-pool und Tennisplatz und schuf für seine attraktive Frau und seine Kinder eine ideale Situation. Es genügte Frank, von Zeit zu Zeit nach Hause zu kommen und das Gefühl der Sicherheit zu empfinden, das er zustande gebracht hatte. Dann kam der Schock. Die Frau wurde Franks und seiner Lebensweise überdrüssig, und die großen Forderungen, die er an sie stellte, wenn er zu Hause war, wurden ihr zuviel. Sie entschloß sich, Frank zu verlassen, und innerhalb weniger Monate verlor Frank alles: Frau, Kinder, Haus, Sicherheit, alles war weg. Frank blieb mit nichts als Schulden und Erinnerungen zurück. In dieser Zeit der persönlichen Krise muß-

te Frank in sich gehen. Die äußeren Werte seines Lebens waren zerfallen; nur wenn er innere Werte fand, konnte er diese schreckliche Krise überleben. Franks Leben ist jetzt eine Suche nach den himmlischen Schätzen geworden. Wenn er sie finden kann, dann wird kein äußerer Umstand ihn von Gott trennen können. Franks Leben war auf Sand gebaut gewesen, weil er so unbewußt gelebt und seine Seele so völlig mit den äußeren Dingen des Lebens anstatt mit den inneren identifiziert hatte. Jetzt muß er seine Seele in sich selber finden, und das wird ein Felsen ein, auf dem man ein neues Leben aufbauen kann. Deshalb kann Jesus sagen:

«Jeder nun, der diese meine Worte hört und sie tut, ist mit einem klugen Manne zu vergleichen, der sein Haus auf den Felsen baute. Und der Platzregen fiel und die Wasserströme kamen und die Winde wehten und stießen an jenes Haus, und es fiel nicht ein, denn es war auf den Felsen gegründet. Und jeder, der diese meine Worte hört, und sie nicht tut, ist mit einem törichten Manne zu vergleichen; der sein Haus auf den Sand baute. Und der Platzregen fiel und die Wasserströme kamen und die Winde wehten und stießen an jenes Haus, und es fiel ein, und sein Fall war groß» (Mt 7, 24–27; Lk 6, 47–49).

Wie wir schon gesagt haben, ist das «Haus» das Gefüge unseres Lebens, unsere bewußte Orientierung. Ein Haus, das auf Sand gebaut ist, kann dem Regen, den Fluten und den Stürmen, die sowohl von außen wie von innen kommen, nicht standhalten. Nur ein Haus, das auf den Felsen innerer Einheit gegründet ist, kann den zerstörerischen Mächten des Lebens widerstehen. Ein solches auf Fels gebautes Haus ist Teil des Vermächtnisses des Gottesreichs. Die Ankunft des Gottesreichs repräsentiert das «Ende der Welt» im psychologischen Sinn, daß nämlich eine alte Seinsordnung aufhört und eine neue beginnt. Die schöpferischen Inhalte der Innenwelt stürzen die vorherige Organisation der Persönlichkeit um. Das «menschliche» Gesetz hört auf zu bestehen, und Gottes Gesetz erhält, wenn die innere Schöpferkraft in das Bewußtsein einfließt, im Menschen den höchsten Rang. Der «vollkommene Mensch» – das heißt der Menschensohn – ist im Herzen dieses neuen Menschen, der in das Reich Gottes hineingeboren wird. Weil die Persönlichkeit in der Schöpfung das Wertvollste ist als einzigartiger Ausdruck des Lebens, und weil das Gottesreich das Ziel der Persönlichkeit darstellt, ist das Gottesreich auf Zukunft ausgerichtet. Dieser Aspekt des Gottesreichs wird in apokalyptischer Sprache geschildert, zum Beispiel, wenn Jesus die Ankunft des Menschensohnes beschreibt:

«Wenn man nun zu euch sagt: Siehe, er ist in der Wüste, so gehet nicht hinaus; siehe, er ist in den Gemächern, so glaubet es nicht! Denn wie der Blitz vom Osten ausfährt und bis zum Westen leuchtet, so wird die Wiederkunft des Sohnes des Menschen sein» (Mt 24, 26–27; Lk 17, 23–24).

Die Errichtung des Gottesreichs bringt zwangsläufig große Einsichten. Diese sind wie ein Blitz, ein Einblick, der die Landschaft des Bewußtseins plötzlich erhellt, weil er ein inneres Wissen bedeutet. Dem Menschen waren immer zwei Arten von Wissen zugänglich: Wissen über die äußere, physikalische Welt, das man durch naturwissenschaftliche Methoden erhalten konnte; und Wissen über innere Dinge, religiöses Wissen, das in Form einer inneren «Gnosis» (ein griechisches Wort für geoffenbartes Wissen) oder Einsicht besteht. Es ist ein Wissen durch persönliche Erfahrung der

Innenwelt, das im allgemeinen nicht jedermann zugänglich ist, sondern nur denjenigen, denen es enthüllt worden ist, während sie die innere Wirklichkeit erlebten. Die innere, enthüllende Gnosis kommt wie ein Blitz in Form tiefer Einblicke in die gesamte Bedeutung der Dinge. Sie beruht nicht auf Vernunft oder auf sinnlicher Erfahrung, sondern auf Kontakt zu einer Innenwelt, welche die Dimensionen und den Sinn des Lebens *kennt*, die dem normalen Bewußtseinsstand unbekannt sind. Wenn der Menschensohn kommt und das Reich Gottes sich im Menschen bemerkbar macht, kommt diese Erkenntnis wie ein großer Blitz.
Oftmals nehmen unsere Träume dieses Bild auf, und ein Mensch, der vor einer bedeutsamen inneren Offenbarung steht, träumt dann zum Beispiel von einem grellen Blitz, der den Himmel erleuchtet. Oder er erblickt einen strahlenden Berg, oder er geht auf eine geheimnisvolle Unterwasserreise, mit einem sehr wichtigen Auftrag, oder er entdeckt ein Objekt von geheimnisvoller Bedeutung. Der Mensch hungert nach dieser Art von innerer Erfahrung; dieser Hunger ist zu lange abgeleugnet worden. Heute erleben wir eine Revolte gegen eine einseitige extravertierte Einstellung, die die Menschen von ihrer inneren Wirklichkeit abtrennt: Viele unserer jungen Leute suchen auf gesetzwidrige und gefährliche Weise, durch den Gebrauch von Drogen, die innere Erfahrung. Eine erschreckte Gesellschaft mißbilligt das, muß sich aber ihrerseits den Vorwurf gefallen lassen, die innere Realität derart vernachlässigt zu haben, daß eine ausgehungerte Generation sie auf chemischem Wege sucht. So stehen wir vor einem ironischen Rätsel: Während viele Erwachsene durch Beruhigungsmittel eine innere Erfahrung zu vermeiden suchen, bemühen sich viele Jugendliche durch «bewußtseinserweiternde»

Drogen um eben diese innere Erfahrung. Die einzig gesunde Möglichkeit ist die, unsere eigene, gottgegebene innere Wirklichkeit auf natürlichem Wege zum Ausdruck kommen zu lassen.

Die meisten Menschen leben ausschließlich auf der Ebene der äußeren Realität. Die Innenwelt ist dem Bewußtsein so fremd, daß die große Masse der Menschen ihre Existenz ignoriert. Wenn die Innenwelt über uns hereinbricht, wird das als große Überraschung empfunden.

«Denn wie die Tage des Noah, so wird die Wiederkunft des Sohnes des Menschen ein. Wie sie nämlich in den Tagen vor der Sintflut schmausten und tranken, heirateten und verheirateten bis zu dem Tage, da Noah in die Arche ging, und es nicht merkten, bis die Sintflut kam und alle hinwegraffte, so wird auch die Wiederkunft des Sohnes des Menschen sein. Dann werden zwei auf dem Felde sein: einer wird angenommen und einer wird zurückgelassen. Zwei werden mit dem Mühlstein mahlen: eine wird angenommen und eine wird zurückgelassen» (Mt 24, 37–41; Lk 17, 26–27, 34–35).

Man kann sich gut vorstellen, daß die Nachbarn Noah für einen Narren hielten, weil er seine Arche mitten auf trockenem Land baute; nur Noah war überzeugt davon, daß die Flut bevorstand. Auch im Hinblick auf die innere Welt meinen die meisten Leute, diejenigen, die eine solche Welt ernst nehmen, müssen ziemlich töricht sein, um sich mit einem solchen Unsinn zu beschäftigen. Wenn schließlich das Gottesreich über die Menschen kommt, geschieht das überraschend, und nur wenige können zu der inneren Realität eine Beziehung bekommen.

Die Analogie zur Flut ist durchaus angebracht, weil Wasser, als Ozean, Flüsse, Überschwemmungen, Sturzbäche,

Ströme oder Teiche, ein bevorzugtes Symbol für die innere Wirklichkeit ist; es ist das Symbol *par excellence* für den Ursprung unseres psychischen Lebens.

Weil die innere Realität ganz plötzlich über uns hereinbrechen kann, empfiehlt sich Wachsamkeit. Die innere Realität liegt außerhalb unserer Kontrolle. Wir können den inneren Bereich ebensowenig vorherbestimmen oder kontrollieren wie unsere Träume. Wir können nur versuchen, bewußt und verständnisbereit zu sein. Deshalb sagt Jesus:

«Darum wachet! Denn ihr wißt nicht, an welchem Tag euer Herr kommt ... Deshalb sollt auch ihr bereit sein! Denn der Sohn des Menschen kommt zu einer Stunde, wo ihr es nicht meint» (Mt 24, 42, 44; Lk 12, 39–40).

Wenn der Sohn des Menschen kommt, wenn die innere Wirklichkeit über das Bewußtsein hereinbricht, bringt das eine so gewaltsame und völlige Reorganisation der Persönlichkeit mit sich, daß man diesen Vorgang nur in apokalyptischen Bildern beschreiben kann. Ob diese Reorganisation nun sehr rasch oder über einen langen Zeitraum hin erfolgt, unter dem fortgesetzten Einfluß des inneren Gottesreichs auf das Bewußtsein – das Ergebnis bleibt dasselbe: die bisherigen Verhaltensweisen und Strukturen der Persönlichkeit müssen neuen Platz machen. Dies wird in Bildern wie den folgenden von Jesus lebhaft geschildert:

«Sogleich aber nach der Drangsal jener Tage wird die Sonne sich verfinstern, und der Mond wird seinen Schein nicht geben, und die Sterne werden vom Himmel fallen, und die Kräfte der Himmel werden erschüttert werden. Und dann wird das Zeichen des Sohnes des Menschen am Himmel erscheinen, und dann werden alle Geschlechter der Erde wehklagen und werden den Sohn des Menschen auf den Wolken des Himmels kommen sehen mit großer Macht und Herrlichkeit. Und er wird seine Engel aussenden mit starkem Posaunenschall, und sie werden seine Auserwählten versammeln von den vier Winden her, von einem Ende des Himmels bis zum andern» (Mt 24, 29–31; Lk 21, 25–27; Mk 13, 24–27).

Häufig kommen Träume vor, in denen die Himmelskörper eine bedeutende Rolle spielen. Wir träumen von der Sonne oder vom Mond oder sehen in einen sternklaren Nachthimmel. Die Himmelskörper beziehen sich auf die archetypischen Gehalte der Innenwelt, die beherrschenden psychischen Kräfte, die das Bewußtsein entscheidend beeinflussen. Das Bild des Menschensohns, das am Himmel erscheint, darf nicht geographisch verstanden werden. Es ist der *innere* Himmel, wo der Menschensohn, der Archetyp der Vollkommenheit, zu finden ist. Wenn er sich in der Persönlichkeit manifestiert, gibt es ein Zusammentreffen aus den vier Windrichtungen. Hier haben wir wieder das Bild des Mandala, der Quaternität, die Vereinigung aller Aspekte des bisher bruchstückhaften Selbst.

Eine andere Art und Weise, wie sich das Geheimnis des künftigen Gottesreichs ausdrückt, ist das Bild vom Ungeteilten Menschen. Die Einheit ist das Ziel des Gottesreichs. Da die erste Spaltung innerhalb des Menschen die Teilung in Männlich und Weiblich ist, bildet die Hochzeit ein grundlegendes Symbol für das Gottesreich, wie wir schon gesehen haben. Bei der Hochzeit werden Männliches und Weibliches zu einer Einheit. Äußerlich betrachtet, ist dies nur eine sexuelle Einheit, die durch die körperliche Vereinigung zustande kommt. Vom psychologischen Standpunkt aus ist der Geschlechtsakt selbst ein Bild für eine höhere Einheit, die im Individuum stattfinden kann, wenn die verschiedenen Teile eins miteinander werden. Deshalb sagt der heilige Paulus:

«Deswegen wird ein Mensch Vater und Mutter verlassen und seinem Weibe anhangen, und die zwei werden *ein* Leib sein. Dieses Geheimnis ist groß; *ich* aber deute es auf Christus und auf die Kirche» (Eph 5, 31–32).

Das Geheimnis, auf das sich Paulus bezieht, ist das Geheimnis des ungeteilten, oder androgynen, Menschen, eines Menschen, in dem die Teilung durch Einheit ersetzt worden ist. Kein Mensch ist ausschließlich männlich oder weiblich, sondern jeder Mensch enthält Elemente von beidem. Ein Mann identifiziert sich gewöhnlich mit seiner männlichen Seite, und seine weibliche Seite wird ihm unbewußt, so daß sein Unbewußtes einen weiblichen Charakterzug hat. Eine Frau identifiziert sich normalerweise mit ihrer weiblichen Seite, so daß ihr Unbewußtes eine männliche Figur birgt, die ihre unbewußte männliche Komponente repräsentiert. Die Einheit von Männlichem und Weiblichem ist daher das Symbol für die Einheit der Psyche, und das Bild der Hochzeit ist naturgemäß das bedeutsamste Abbild dieses inneren Geheimnisses.

Der Mythos vom androgynen, ungeteilten Menschen hat lange Zeit das menschliche Denken beschäftigt. Plato erzählt in seinem «Symposion» den Mythos vom ersten Menschen, der rund war und dann in zwei Teile, männlich und weiblich, gespalten wurde. Die Genesis weist in der Geschichte von Adam, aus dessen Seite Eva genommen wurde, darauf hin. Die frühe Kirche bewahrte das Symbol im Bild von der mystischen Einheit zwischen Christus und der Kirche, als deren Sinnbild das Hohelied, mit seiner lebhaften Bilderwelt aus dem Bereich der Liebe, galt. Die mystische Theologie kennt schon lange das Geheimnis des Androgynen, besonders in der Kabbala, in der Philosophie von Jakob Boehme, in der Alchemie und in der mystischen Erfahrung der Heiligen wird von einer innerlichen, geistig-seelischen Hochzeit gesprochen. Auch moderne Autoren, wie Nikolai Berdjajew und Hermann Hesse (in seinem «Demian»), weisen auf dieses höchste Geheimnis hin.

Es ist keine Überraschung, wenn man entdeckt, daß auch Jesus vom Geheimnis des Ungeteilten Menschen weiß. Das klingt aus seiner Antwort an die Sadduzäer auf die Frage nach der Ehe im Jenseits:

«Ihr irrt, indem ihr die Schriften nicht kennt noch die Kraft Gottes. Denn in der Auferstehung heiraten sie nicht und werden nicht verheiratet, sondern sie sind wie Engel im Himmel» (Mt 22, 29–30; Mk 12, 24–25). Oder wie wir bei Lukas lesen:

«Die Söhne dieser Welt heiraten und werden verheiratet. Die aber, welche gewürdigt worden sind, jener Welt und der Auferstehung von den Toten teilhaft zu werden, heiraten nicht und werden nicht verheiratet. Sie können ja auch nicht mehr sterben; denn sie sind Engeln gleich und sind Söhne Gottes, indem sie Söhne der Auferstehung sind» (Lk 20, 34–36).

Tod kommt durch Trennung. Die Menschen der Auferstehung sind die, die zum Himmelreich gehören. In ihnen ist durch die Macht Gottes und die Bewußtwerdung des Menschen ein unteilbares Wesen entstanden. In solchen sind Männliches und Weibliches eins; das heißt, die getrennten Persönlichkeitsteile haben zueinander gefunden. Dadurch ist ein solcher Mensch ein «Sohn Gottes».

Im apokryphen Evangelium des Thomas gibt es andere

Aussprüche Jesu mit dem gleichen Thema. Jesus sagt: «Wenn ihr die zwei zu einem macht, werdet ihr Söhne des Menschen werden» (Logion 106) und

«Wenn ihr die zwei zu einem macht und macht das Innere zum Äußeren und das Äußere zum Innern und das Obere zum Unteren, und wenn ihr das Männliche und das Weibliche zu einem einzigen macht, so daß das Männliche nicht männlich und das Weibliche nicht weiblich sein wird ... dann werdet ihr in das Himmelreich eingehen» (Logion 22).

Die gegensätzlichen Seiten der Persönlichkeit sind so unterschiedlich, daß nur eine große Kraft sie zu einer Einheit zusammenziehen kann. Diese Macht ist die Liebe. Liebe ist eine stärkere Macht als die Kräfte der Spaltung. In der Liebe können sogar die Gegensätze eins werden, und ihre Unterschiede verschmelzen dann zu einem unteilbaren Ganzen. Deshalb ist die Liebe die stärkste Macht, die es gibt, stärker als die Sünde, als der Tod, als das Böse, wie Christus am Kreuz bewies, wo er die triumphierenden Eigenschaften der Liebe zeigte. Deshalb wird auch Gott selber die Liebe genannt. Es überrascht also nicht, daß dort, wo in zwischenmenschlichen Beziehungen sich Liebe ereignet, auch das Bild des Ungeteilten Menschen spontan auftritt und daß eine solche Liebe außerordentlich große Heilfähigkeit besitzt.

Diese Art der vereinigenden, heilenden Liebe zeigt sich in dem Phänomen, die als «Übertragung» bekannt ist. Wenn auch das Wort «Übertragung» ein Fachausdruck aus der Psychotherapie ist, handelt es sich doch um ein psychisches Geschehnis, das unter sehr verschiedenen Umständen zwischen zwei Menschen zustande kommen kann. Übertragung kommt normalerweise zwischen Mann und Frau vor und ist durch starke erotische Empfindungen gekennzeichnet, oft mit sexuellen Untertönen. In der Psychotherapie können sowohl der Beratende als auch der Beratene derartige Gefühle empfinden. Übertragung kann zwischen Arzt und Patient, Schüler und Lehrer, einem verheirateten Mann und «der anderen» Frau oder zwischen zwei jungen Leuten vorkommen; in letzterem Fall spricht man dann von «Verliebtsein». Die Liebe, die zwischen den beiden Menschen besteht, *ist* Liebe. Aber in dem Maße, wie die beiden einander nicht als individuelle Wesen, mit allen menschlichen Fehlern und Schwächen, wahrnehmen, sondern idealisierte Bilder voneinander haben, ist die Liebe nicht persönlich, sondern «göttlich». Ihre Quelle ist die äußerst starke Anziehung der Gegensätze, die im Phänomen der Übertragung zum Ausdruck kommt. Dies ist etwas anderes, als wenn ein menschliches Wesen die Persönlichkeit eines anderen menschlichen Wesens kennen, respektieren und lieben lernt.

Wenn die Übertragung unbewußt bleibt, wird das negative Folgen haben. Hans und Grete, die sich unsterblich ineinander verlieben – das heißt: sie projizieren ihre eigenen idealisierten Bilder auf den Partner und spüren den enormen Vereinigungsdrang der Gegensätze –, brechen die Liebesbeziehung bezeichnenderweise auch sehr gewaltsam nach kurzer Zeit wieder ab. Das ist kein Zufall. Damit in diesen Menschen eine bewußte Entwicklung stattfinden kann, statt daß sie bloß im Meer unbewußter Liebe untertauchen, ist es notwendig, daß sie beide ihre eigene Individualität und die Individualität des anderen anerkennen. Um das zu ermöglichen, müssen beide auseinandergedrängt werden, um sich differenzieren zu können. Unheimlicherweise findet das Unbewußte einen Weg, zwischen den beiden Streitigkeiten zu bewirken, damit diese Trennung erleichtert wird. Da jetzt die Enttäuschung bei beiden sehr groß wird, wendet sich die erste Liebe sehr leicht in Haß und Ernüchterung. Nur wenn Hans und Grete den inneren Sinn ihrer Beziehung zu erkennen lernen und sie dadurch auf eine höhere Bewußtseinsebene bringen, hat die Beziehung Aussicht auf Bestand. Aber in diesem Fall wird die Vereinigung der Gegensätze in der Entwicklung der Persönlichkeit beider Partner stattfinden müssen, nicht als etwas Mystisches, das beide zueinander zieht.

In allen Fällen besteht die Gefahr immer in der Tendenz der Verliebten, die Gefühle, die sie empfinden, sexuell zu konkretisieren. Sie werden angespornt von dem allerhöchsten Bild des Reiches Gottes, dem Bild von der Hochzeit; aber solange sie sich dieses Bildes unbewußt sind, werden sie oft zwangsläufig in eine sexuelle Beziehung hineingezogen. Dann geht der innere Gehalt der Erfahrung verloren, weil Sexualität unter diesen Bedingungen eine Regression ins Unbewußte bedeutet, einen Rückschritt in ein unbewußtes, nichtindividuelles Geschehnis; denn Sexualität ohne psychologische Bewußtheit ist allgemein, nicht individuell. Wenn dies in einem beruflichen Zusammenhang geschieht, ist das Ergebnis für die psychologische Entwicklung sowohl des Arztes oder Therapeuten als auch des Patienten verheerend. Kommt diese Anziehung außerhalb der Ehe vor, kann die Folge ebenso verheerend sein, denn ein Mann oder eine Frau, die dieser Anziehung nachgeben, erleben wahrscheinlich nicht nur eine zerbrochene Familie und nicht wiedergutzumachende Schuld, sondern fallen ihrer am wenigsten bewußten Seite zum Opfer.

Man löst dieses Problem, indem man alle Affekte, Wünsche, Gefühle und Sehnsüchte für sich behält und in dem betreffenden Beziehungszusammenhang beläßt. Das Individuum wird so zum Schmelztiegel, der die Elemente der Ganzheit enthält, und die intensiven Empfindungen sind wie eine Glut, die diese Elemente nach einem Fabrikationsprozeß zur Vollendung bringt. Das Bild des Gottesreichs als eines Hochzeitsfestes wirkt dann auf alle betroffenen Teile und beeinflußt sie in ihrem tiefsten Innern.
Wenn auch die Übertragung zwischen Mann und Frau das allgemeinste Beispiel für diese göttliche Liebe ist, muß doch noch eine andere Form der Übertragung erwähnt werden: die Übertragung zwischen einem Mann und einem Knaben. Die Gestalt des Androgynen kann als göttlicher Knabe erscheinen. Christus selbst wurde in der frühen Kirche häufig mit einem hell leuchtenden Knaben verglichen; in dieser Gestalt erschien er, so hieß es, den frühen Christen oft in ihren Träumen. Der Knabe verkörpert sowohl männliche als auch weibliche Aspekte in sich und trägt durch seine Kraft und Lebensbeziehung das Bild der Ganzheit. Berdjajew schreibt: «Nur ein Jungfrau-Knabe, ein androgyner Mann, ist Bild und Gestalt Gottes.»
In früheren Zeiten galt die Liebe eines erwachsenen Mannes zu einem Knaben nicht als Schande. Ein gutes Beispiel für eine derartige tiefe Liebe und Zuneigung findet sich in Hadrians Erinnerungen, in denen die starke Liebe des römischen Kaisers Hadrian zu einem jungen Mann, der offensichtlich männliche und weibliche Charakterzüge aufwies, geschildert wird. Heutzutage jedoch wären erotische Gefühle eines Mannes für einen anderen Mann angstbeladen, weil wir eine kulturbedingt übertriebene Furcht vor Homosexualität haben. Solche Gefühle sind keine Homo-

sexualität, sondern Homoerotik und kommen bei vielen Männern vor, die sexuell «normal» sind. Eine Unterdrükkung dieser Gefühle führt zu einer Unterdrückung von viel Wertvollem und Wünschenswertem in einem Mann. Ihr Ausleben andererseits führt zu Schuldgefühlen und Unbewußtheit und sklavischer Bindung an Sexualität. Doch ist es möglich, daß ein Mann erkennt, daß sein Gefühl für einen anderen Mann seine Sehnsucht nach dem Androgynen ausdrückt, eine Widerspiegelung des tiefen Verlangens ist, die Vereinigung der Gegensätze in sich selbst zu verwirklichen und die Realität dieses größten Archetyps als Grundlage des eigenen Seins zu empfinden.

Wir haben seit unserer ersten Betrachtung der Bedeutung des Himmelreichs im Denken Jesu einen weiten Weg zurückgelegt. Die Umrißlinie einer psychologisch-geistigen Theorie des Reichs Gottes ist nun gezogen. Demnach stellte sich Jesus einen individuellen Seinszustand vor, wobei das Individuum dennoch allen Menschen gegenüber offen sein sollte; allerdings würden nur wenige bewußt genug sein, um diesem Zustand zu entsprechen. Wer in das Himmelreich eingeht, muß seine Maske ablegen und sich mit seinem inneren Gegner auseinandergesetzt haben. Die Ethik derjenigen Menschen, die in dieses Gottesreich kommen wollen, wird eine schöpferische Ethik sein, die auf Selbstbewußtsein gegründet ist.

Der Weg zum Gottesreich wird ein innerlicher Weg sein, ein Weg der Seele, auf welchem der Mensch immer mehr Verbindung zu seiner Innenwelt bekommt. Nichts, was zur Ganzheit des Menschen gehört, kann ausgeschlossen werden. Im Himmelreich sind Körper, Seele, Geist, Sexualität, Eros und Sinne alles Teile einer Ganzheit. Der Eintritt in das Gottesreich ordnet das Bewußtsein schließlich einer umfassenden inneren Wirklichkeit unter. Schöpferische Kraft dringt in die Persönlichkeit ein, stürzt die alte Persönlichkeitsstruktur mit apokalyptischer Macht um und errichtet eine neue Persönlichkeit, die nicht von einem engen Ego-Bewußtsein beherrscht wird, sondern von Gott selbst, denn diese neue Persönlichkeit ist schöpferisch, und Gott ist Schöpfer.

Weil schöpferische Kraft aus Einheit kommt und Einheit aus einem Zusammenfallen von Gegensätzen entsteht, ist Liebe die Quelle des Gottesreichs, denn nur Liebe kann getrennte Dinge vereinen. Eingedenk dieser geistig-seelischen Theorie des Gottesreichs, wollen wir noch einmal auf Persönlichkeit und Mission Jesu zurückblicken, auch in Hinsicht auf die Bedeutung Jesu Christi für das Christentum, das sowohl der Zukunft als auch der Vergangenheit angehört.

Christentum — Religion für ein modernes Zeitalter

Jesus von Nazareth war der erste individuelle Mensch, der erste Mensch, der bewußt genug war, nicht mit sich selber uneins zu sein, nicht in einer kollektiven Psychologie befangen zu bleiben. Wie die großen hebräischen Propheten des Alten Testaments stand er in direktem Kontakt zu dem Numinosum Gott. Aber anders als diese, sah er die Bedeutung der Absichten Gottes für das Leben des Individuums ebenso wie für das Leben des Volkes. Das ausdrückliche Hervorheben der individuellen Entfaltung, individuellen Bewußtseins und individueller Beziehungen zu Gott und als soziale Konsequenz, zu den Menschen in diesem irdischen Leben macht ihn zu einer völlig neuen Gestalt in der Religionsgeschichte.

Er ist der Prototyp des entfalteten Ego wie des Ganzen Menschen. Auf dem Weg zum Kreuz ist er das einzigartig individuelle Ego, gestärkt durch Bewußtsein und durch seine Verbindung zu Gott. Damit, daß Jesus die Last der Kreuzigung freiwillig auf sich nimmt, ist er das vorbildliche menschliche Ego, aber am Kreuz manifestiert Jesus noch mehr als nur das Ego. Hier enthüllt er die Ganzheit und ist als «Menschensohn» zu erkennen. *Durch sein Leiden, seinen Tod und seine Auferstehung verschmilzt er für immer mit der menschlichen Psyche und wird für uns alle zum Archetyp der Ganzheit, der das Schicksal der Menschheit verändert.*

Was dem traditionellen Christentum bisher noch gefehlt hat, ist eine Philosophie der Zukunft. Die frühen Christen nahmen im allgemeinen an, daß die Welt bald zu Ende sein würde. Sie waren noch befangen im konventionellen Denken ihrer Zeit und begriffen die dynamischen neuen psychologischen Entwicklungen, die durch Jesus Christus möglich wurden, nicht ganz. Infolgedessen hat die christliche Theologie nie eine Philosophie der Zukunft oder dementsprechend eine Theologie des Wirkens des Heiligen Geistes hervorgebracht.

Wie eine solche christliche Philosophie der Zukunft aussehen könnte, ist angedeutet durch die Entdeckungen der Evolutionswissenschaft und der Psychologie. Am Studium des menschlichen Embryo läßt sich erkennen, daß der Fötus in den neun Monaten der Schwangerschaft einen Prozeß physischer Evolution durchläuft, der der evolutionären Entfaltung des menschlichen Körpers über Jahrtausende analog ist. Ähnlich hat sich auch die menschliche Psyche von einer eher primitiven Phase, in der das Ego relativ unentwickelt war, zu einem ziemlich verfeinerten Stadium hin entwickelt. Erich Neumann hat diese Evolutionsstadien der Bewußtseinsentwicklung in seinem Buch *Ursprungsgeschichte des Bewußtseins* nachgezeichnet. Er hat gezeigt, daß die Mythologien der Menschen auf der ganzen Welt die Entwicklungsgeschichte des menschlichen Seelenlebens enthalten. Heute durchläuft das Ego in der psychologischen Entwicklung des Individuums einen Prozeß psychischer Evolution, der demjenigen der Menschheit entspricht, und an typischen Stationen dieses Entwicklungsganges kommen mythenähnliche Träume vor. Der Mensch hat einen Prozeß

physischer und psychischer Entfaltung erlebt, der ihn an den gegenwärtigen Punkt seiner Entwicklung geführt hat.
In Jesus von Nazareth sehen wir diesen Entwicklungsprozeß auf einem Höhepunkt. In ihm erreichte das menschliche Bewußtsein eine einzigartig vollkommene und individuelle Stufe. Durch diese einzigartige Entwicklung und durch seinen darauffolgenden Tod und seine Auferstehung ist der Weg für eine früher nicht mögliche Entfaltung des Menschen geebnet worden. Bis zur Zeit Jesu geschah die psychische Entwicklung vor allem auf kollektiver Basis. Die Herde, die Gruppe, die Nation, das Volk waren die Träger des menschlichen Wachstums. Seit Jesus trägt nun das Individuum die menschliche Evolution weiter; und der Vorwärtsdrang der schöpferischen Lebenskraft, der Gottes Heiliger Geist in der Welt ist, kommt zustande durch die Entfaltung des bewußten Lebens und die Integration und Erfüllung des ganzen Menschen.
Für ein modernes Zeitalter muß das Christentum die psychologische Dimension in Rechnung stellen. Jesus ist ein vollkommener Mensch geworden, und wir sollen ihm nachfolgen, aber nicht dadurch, daß wir seine vermeintlichen Tugenden nachahmen, sondern indem wir uns der eigenen Vollkommenheit so weit wie möglich nähern. Auf diese Weise manifestieren wir Christus in uns. Dann können wir sagen, daß das Christuskind in unserem Leben wiedergeboren ist, daß die Absicht Gottes, mit der er uns geschaffen hat, erfüllt worden ist. Das Christentum ist die am stärksten psychologisch orientierte aller Religionen, weil es die innere Entwicklung des Individuums so betont und dem Ego als dem Träger des Bewußtseins eine so wichtige Rolle zumißt.
Eine solche Betonung würde leicht die Gefahr einer engen,

selbstsüchtigen Haltung heraufbeschwören, wenn nicht unsere Erfüllung als Menschen es nötig machen würde, daß wir am Leben und an den Bedürfnissen anderer Menschen teilnehmen. Um eine Lebenserfüllung zu erreichen, muß das Individuum sich mit dem gesamten Leben auseinandersetzen. Ein vollkommener Mensch zu werden, ist eine Frage der psychischen Entwicklung, nicht des Psychologisierens. Ganzheit wird möglich, wenn das Leben vollständig gelebt wird, wenn den Anforderungen der inneren und der äußeßeren Realitäten bewußt begegnet wird. *Kein Mensch kann hoffen, sein eigenes Heil zu finden, ohne sich zutiefst um das Heil der anderen zu kümmern;* denn der Mensch ist nur als bezogenes Wesen vollkommen, nicht als Insel.

Das Reich Gottes ist eine personale, psychologisch reale Erfahrung, aber keine rein personale Erfahrung. Es hat immer sowohl einen transzendentalen als auch einen unmittelbaren Charakter. Das Gottesreich gehört nicht uns; wir gehören dem Gottesreich. Wenn wir versuchen, das Gottesreich in uns selbst zu errichten, reduzieren wir es dadurch nicht auf eine enge, persönliche Dimension. Vielmehr gelangen wir allmählich zu einer umfassenden, transzendentalen Dimension. Was das Gottesreich an sich ist, kann vom rationalen Bewußtsein nie erfaßt werden, sondern läßt sich nur symbolisch ausdrücken. Es kann nicht *gedacht,* sondern es kann nur, vielleicht einen Moment lang, in einer mystischen Erfahrung ergriffen werden, denn es übersteigt bei weitem das persönliche Bewußtsein und die gedanklichen Grenzen des Ego.

Mit seiner Transzendenz ist das Himmelreich das Reich Gottes, ein Ruf zur Zukunft. Wenn wir unser Leben auf das innere Gottesreich gründen, werden wir Teil des sich entfaltenden menschlichen Bewußtsein, das heißt Teil der

Schöpfungsabsicht Gottes. Hier, in der Entfaltung des Bewußtseins, die durch Individuen stattfindet, aber das Individuum immer an Bedeutung übersteigt, liegt das Christentum der Zukunft.

Hannah's
erste
Zeichnung

17. November
1978